W0063234

Dieses Buch gehört:

_____

_____

Das Kochbuch aus dem Sauerland

gesammelt, aufgeschrieben und ausprobiert von
Axel Riepenhausen

verlegt von
Wolfgang Hölker

ISBN-Nr.: 3-88117-084-7
VVA-Nr.: 280/00084-1
© Copyright 1979/G by Verlag Wolfgang Hölker
Martinistraße 2, 4400 Münster
Alle Rechte vorbehalten, auch auszugsweise
Printed in Germany by Druckhaus Cramer, Greven
Imprimé en Allemagne
Buchbinderische Verarbeitung Klemme & Bleimund, Bielefeld
Musterschutz angemeldet beim Amtsgericht Münster

Inhalt

Vorwort

Immer wieder überzeugt das Sauerland Freunde und Gäste mit Ursprünglichkeit und bodenständiger Besonderheit. Dieses in einem Kochbuch darzulegen ist um so bemerkenswerter, als die sauerländische Küche in wechselseitiger Beziehung zur westfälischen steht.

Die geographische Lage und der bergige Charakter der Landschaft haben von alters her der einfachen und hausgemachten Küche den Vorzug gegeben. Karge Landwirtschaft und die Abgeschiedenheit der Waldbauern-Siedlungen prägten den Küchenzettel, doch auch die Phantasie.

So sind Wildgerichte in reicher Vielzahl entstanden, ebenso eine umfassende Verwertung von Schwein und Rind. Die Räucherkammer war der Vorrat damaliger Zeit. Doch nicht immer konnte man aus dem »Vollen« schöpfen. So kamen Kartoffeln, Milch, Brot und Teigwaren in mancherlei Abwechslung zur Geltung.

Dem Trend der Zeit und der Angleichung der Eßgewohnheiten durch zunehmenden Wohlstand folgte man auch im Sauerland. Viele alte Rezepte sanken in Vergessenheit. Inzwischen wird aber der Ruf nach landschaftsbezogenen Speisen immer lauter. Nicht zuletzt sind es die Gäste des Sauerlandes, die diesen Wunsch äußern und den Sauerländern selbst Rückbesinnung abverlangen. Fortschrittliche Häuser präsentieren auf den Speisekarten immer wieder auch typisch sauerländische Gerichte.

Der Initiative dieses Buches ist es zu verdanken, daß eine Verbindung zwischen der unverfälschten, freizeitwerten Landschaft und der ursprünglichen heimischen Küche hergestellt wird.

So wünsche ich Ihnen viel Freude beim Kennenlernen des Sauerlandes und Genuß bei »würzig Bier und klarem Korn. Ein Wohlgeschmack!«

Hubertus Freiherr von Fürstenberg
Geschäftsführer des Fremdenverkehrsverbandes Sauerland e.V.

Einleitung

Da stehe ich nun, mir zu Füßen die endlosen Wälder, umgeben von einer wirklichkeitsnahen und doch so fremden Welt. Dampfend steigt der Nebel aus den Wiesen – das ist es also, das Land der 1000 Berge. Ich stehe auf dem Kahlen Asten, von dem die sauerländischen Höhenzüge fast strahlenförmig in die Weite gehen. Hier oben will ich meine Reise beginnen, eine Reise, die mir am Ende eine Fülle von Eindrücken vermitteln soll.

Als Flachländler bin ich ausgezogen, um hier nach Eß- und Trinkgewohnheiten, nach alten Sitten und Gebräuchen zu suchen. Ich möchte alles wissen über diesen Landschaftsteil, um es anderen weiterzugeben. Hubertus Freiherr von Fürstenberg begleitet mich; er zeigt mir all die Ecken und Winkel, die Schönheiten des Sauerlandes. Wäre an diesem Morgen nicht der Himmel grau verhangen, würde der starke Wind nicht die Worte schwer verständlich machen, ich hätte nicht mehr von diesem Ort weg wollen.

Natürlich lernte ich nur einen kleinen Teil der 5000 km² großen Sauerländischen Fläche kennen, wovon alleine 3000 km² Naturparks und Wasserflächen sind. Auch die Wanderwege, mit 24 000 km gehören sie zu den größten zusammenhängenden Wegenetzen, taten es mir als Nichtwanderer an.

Ich lernte auch die Sauerländer kennen, jenen Völkerstamm, der sich auf den ersten Blick behäbig und gastfreundlich zeigt. Überall wo ich einkehrte, war es bei privaten Familien oder in den Hotels, begegneten mir Freundlichkeit und Aufgeschlossenheit. Das ist es auch, was den Sauerländer in meinen Augen so liebenswürdig macht. Er schwebt nicht in den Wolken. Er wurde in seinem Charakter von seiner Umgebung – von seiner Heimat geprägt. Dankbar erinnere ich mich an gemütliche Abende im Gasthof Schütte in Oberkirchen, an meinen Aufenthalt im Schloß Gevlinghausen oder im Kurhotel Hochsauerland auf der Hohenleye. Vor allem aber sind sie mir in Erinnerung geblieben, die Sauerländer in Winterberg, Warstein, Brilon oder Meschede.

Es liegt erst 70 Jahre zurück, als Wandervögel die Vorzüge und den Freizeitwert des Sauerlandes entdeckten. Die Sommerfrischler aus den Industriestädten waren es, die in den 50er Jahren den Fremdenverkehr zum Blühen brachten. Hotels und Pensionen schossen aus dem Boden. Mit einer Kapazität von rund 50000 Betten wird dem Erholungsuchenden Rechnung getragen. Diese Kapazität soll nicht erweitert werden, um den Charakter der Landschaft nicht zu zerstören.

Die Haupteinnahmequellen im Sauerland liegen beim Fremdenverkehr und bei den vielen mittelständischen Betrieben der holzverarbeitenden-, Elektro- und Textilindustrie sowie der Metallverarbeitung. Landwirtschaftlich hat dieses Gebiet nie viel hergeben können. Die dichten Wälder und der Berglandcharakter machen eine Ausbreitung in diese Richtung unmöglich. Viele Bauern sind daher auf andere Berufszweige umgestiegen. Früher waren manche Sauerländer als Händler hin bis nach Rußland unterwegs (Sensenhändler). Auch die drei Privatbrauereien (die größte ist die Warsteiner Brauerei) haben dem Sauerland ihren Stempel aufgedrückt. Über 300 Jahre Tradition im Brauwesen zeugen davon. Mit Beginn der allgemeinen Landflucht hat es auch manchen jungen Sauerländer in die Städte getrieben. Heute ist es eher umgekehrt. Nicht nur ältere Menschen verbringen im Sauerland ihren Lebensabend. Auch die Jugend hat die Reize erkannt und genießt zunehmend die Vorzüge dieser Landschaft.

Der Sauerländer hängt an seiner Heimat. Das zeigt sich besonders in den vielen bürgerschaftlichen Aktivitäten, die besonders durch die Schützen- und Heimatvereine gefördert werden. Sie halten zielsicher den Gemeinschaftsgeist, was sich in Wettbewerben wie »Unser Dorf soll schöner werden« oft zeigte. Häufig waren es sauerländische Dörfer, die aus diesen Wettbewerben als Bundessieger hervorgingen.

Soviel ich auch über traditionelles Denken erfuhr, so schwer war es, etwas über alte Eß- und Trinkgewohnheiten des Sauerländers zu erfahren. Besonders im bäuerlichen Bereich erinnert man sich an die vielen Schlachtfeste der damaligen Zeit. Auch noch heute bestimmen sie in vielen kleineren Orten zu gegebenen Zeiten den Speiseplan.

Leckereien wie Schinken, Würste, gedörrte Forellen oder Schafsmilch waren auch in den Bauersfamilien eine Seltenheit, man fand sie fast nur an den Adelshöfen.

Die Arme-Leute-Gerichte von damals sind dem Sauerländer heute wieder lieb und wert. Man ißt wieder dunkel gebackenes Brot aus dem »Backes« (Backhaus) mit Griebenschmalz oder auch Eintöpfe in verschiedenen Varianten. Zu allen Tageszeiten werden sauerländische und westfälische Schinken-, Blut- und Mettwurst mit hausgemachten Gurken serviert – und auch genossen. Waffeln mit Kirschen und Sahne gehören zum Nachmittagskaffee, stets kommen sie frisch aus dem Waffeleisen. Wildgerichte und gewürzte Braten gehören ebenso zum sauerländischen Menu wie das gerühmte Sauerländer Bier, und wenn es besonders elegant ist, der Korn aus dem Holzfaß.

Ich kann mir nach meinem Aufenthalt das Sauerland nicht mehr vorstellen ohne das ständige Kommen und Gehen Erholungsuchender, ohne die Spaziergänger auf stillen Waldpfaden, ohne die fröhliche und ausgelassene Stimmung der Skiläufer in den Wintersportgebieten des Sauerlandes. Doch man sollte nie vergessen, daß es erst ein kurzes Menschenalter her ist, seit die ersten Feriengäste die ungerühmte Schönheit dieses Berglandes und die herzliche, schlichte Gastlichkeit seiner Bewohner entdeckten. Routine und Gewöhnung können ihr nichts von ihrer frischen Natürlichkeit nehmen. Die gerühmte Einfachheit und Deftigkeit der sauerländischen Küche, über die in diesem Buch berichtet wird, ist mehr als die Summe aus Säen, Ernten, Zubereiten und Verarbeiten. Sie bedeutet einfach die Liebe zur Bodenständigkeit und die Bemühung, Tradition und Fortschritt auch in der Küche zu vereinen.

Um diese Bemühung wissend, habe ich dieses Buch geschrieben. Bedanken möchte ich mich bei Albert Cramer von der Warsteiner Brauerei, Freiherr von Fürstenberg, Freiherr von Wendt, Anton Schütte, Hans Hagemann, Wilhelm Störmann und Hans Pauli. Zusammen mit ihnen konnte dieses Buch entstehen. Nicht zuletzt waren es auch die vielen Sauerländer, die mit ihren alten Rezepten zum Gelingen dieses Buches beigetragen haben.

Wenn Ihnen »Das Kochbuch aus dem Sauerland« Freude bereitet und die Erinnerung an vielleicht längst Vergessenem neu aufleben

läßt, dann hat sich meine Reise durch das Land der 1000 Berge ge-
lohnt. Dorthin, wo ich immer wieder gerne zurückkomme.
In diesem Sinne wünsche ich Ihnen guten Appetit.

Axel Riepenhausen

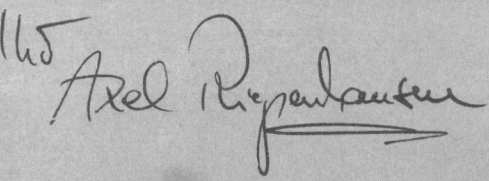

Suppen und Kaltschalen

Veischetal bei Oberveischede

Hat Oma immer gemacht!

Milchsuppe

1 ½ l Milch, 125 g Fadennudeln, 40 g Zucker, 1 Vanillestange

Die Milch zum Kochen bringen, alle übrigen Zutaten hineingeben. Bei ganz geringer Hitze, so daß die Milch nicht anbrennen kann, 8–10 Minuten kochen lassen. Die Vanillestange entfernen.

Diese Suppe wurde früher häufig am Abend gegessen, wenn die Reste vom Mittag nicht ausreichten, die Familie zu sättigen. Sie wurde dann nach dem Gemüse vom *selben* tiefen Teller gegessen.

Brennesselsuppe

500 g Brennesseln, 40 g Mehl, 40 g Butter, 3 l Brühe, ¼ l Milch, Salz, Pfeffer

Die Brennesseln waschen (es ist ratsam, Küchenhandschuhe überzuziehen), hacken und in kochendem Salzwasser einmal aufkochen lassen. Auf einem Sieb abtropfen lassen. In der Zwischenzeit aus Butter und Mehl eine Schwitze herstellen und diese mit der Brühe ablöschen. Einmal aufkochen lassen, mit Salz und Pfeffer würzen und die Milch einrühren. Das Gemüse hineingeben und in der Suppe ziehen, aber nicht kochen lassen.
Sehr heiß mit gerösteten Weißbrotwürfeln servieren.

Tip:
Die gleiche Suppe schmeckt mit jedem Wildgemüse zubereitet (z.B. Sauerampfer, Kerbel, Löwenzahn, Kresse u.a.).

Biersuppe I

¼ l Wasser, 50 g Perlgraupen, Salz, ¾ l Warsteiner Bier, 60 g Zucker, 1 Eigelb, 1 Eiweiß, Zucker

Das Wasser mit den Graupen zum Kochen bringen, mit Salz würzen, in ¾ Stunde gar kochen lassen. Das Bier und den Zucker hinzufügen und das mit etwas Suppe verschlagene Eigelb unterziehen. Das Eiweiß mit etwas Zucker zu steifem Schnee schlagen, mit einem Teelöffel Klößchen abstechen, auf die kochendheiße Suppe setzen und zugedeckt in etwa 5 Minuten garen lassen.

Biersuppe II
(warm und kalt)

2 Päckchen Soßenpulver mit Vanillegeschmack, 75 g Zucker, 3 EL kalte Milch, $^1/_2$ l Milch, 1 Stück Zimt, $^1/_2$ l helles Warsteiner Bier, Zitronensaft, Zucker, 1 Eigelb, 1 EL kaltes Wasser, 1 Eiweiß, 2 TL Zucker

Das Soßenpulver mit Zucker und der kalten Milch (3 EL) verrühren, die restliche Milch mit dem Zimt zum Kochen bringen, von der Kochstelle nehmen und langsam das Soßenpulver unterrühren. Nochmals aufkochen lassen, den Zimt hinausnehmen; das Bier hinzugießen, die Suppe mit Zitronensaft und Zucker abschmekken, das verquirlte Eigelb unterziehen.
Das Eiweiß steif schlagen, mit dem Zucker (2 TL) süßen, von dem Eischnee Klößchen abstechen, auf die kochende Suppe setzen, den Topf mit dem Deckel verschließen und die Klößchen in etwa 5 Minuten fest werden lassen.
Soll die Suppe als Kaltschale gereicht werden, die Klößchen gesondert in kochendem Wasser fest werden lassen und auf die erkaltete Suppe setzen.

Braune Nierensuppe

2 Schweinenieren, 40−60 g Mehl, 40 g Schmalz, 50 g durchwachsener Speck, 2 Zwiebeln, Salz, Pfeffer, 1 $^1/_2$ l Fleischbrühe (oder gegebenenfalls Wasser), evtl. etwas Sahne, 1 Prise Zucker und einige Tropfen Zitronensaft

Die Nieren aufschneiden, die Röhren entfernen und in heißes Wasser legen. Nach 10 Minuten das Wasser erneuern, den Vor-

15

gang zweimal wiederholen. Danach die Nieren in kleine Würfel schneiden, den Speck ebenfalls würfeln. Die Nierenwürfel durch Mehl drehen.

Das Fett und den Speck in einem tiefen Topf auslassen. Die Nieren darin kräftig anbraten. Die Zwiebeln schälen, würfeln und ebenfalls kurz mitbraten. Wenn das Bratgut braun ist, wird es mit Salz und Pfeffer gewürzt und mit der Fleischbrühe abgelöscht. So lange kochen lassen, bis die Nieren weich sind (ca. 7–10 Minuten). Wer die Suppe süß-säuerlich mag, fügt jetzt noch etwas Zucker, Zitronensaft und evtl. noch etwas Sahne hinzu. Wollen Sie daraus einen Eintopf machen, so geben sie einfach noch 2 Tassen vorgekochten Reis bei.

Sauerländer Brotsuppe

1 $\frac{1}{2}$ l Wasser, 500 g altes Schwarzbrot, 4 Äpfel,
1 Stange Zimt, 2 Nelken, Zucker nach Geschmack,
1 Prise Salz, 1 Glas Rotwein

Das Wasser mit dem Schwarzbrot und den kleingeschnittenen Äpfeln und den Gewürzen zum Kochen bringen. So lange kochen lassen, bis das Schwarzbrot weich ist. Danach streicht man die Suppe durch ein Haarsieb, schmeckt mit Zucker und Salz ab, gibt den Wein hinzu und läßt die Suppe noch einmal aufkochen.

Bierkaltschale

Der Sauerländer ist ein überzeugter Biertrinker. Als Abwechslung hier eine Bierkaltschale, die besonders im Sommer bekömmlich ist.

$\frac{3}{4}$ l Dickmilch (früher Plundermilch genannt), $\frac{1}{8}$ l
Sahne, $\frac{1}{4}$ l Warsteiner Bier, 100 g Zucker, 1 Messer-
spitze Zimt, 2 EL Korinthen, 125 g geriebener Pum-
pernickel oder Zwieback

Die Dickmilch und die Sahne in eine Schüssel geben und schaumig schlagen. Unter Schlagen das Bier einlaufen lassen. Auf Suppenteller verteilen, mit Zucker und Zimt, mit den Korinthen und dem geriebenen Pumpernickel bestreuen.

richtig kalt muß sie sein!

Holzhackersuppe

Früher lebten die Holzhacker und Waldarbeiter oft tagelang in ihren Revieren. Das verlangte eine Selbstverpflegung besonderer Art. Mit der Natur vertraut, stellten die Holzfäller Fallen für Hasen und Kaninchen, die bestimmt auch zuschnappten. Das nachfolgende Rezept erhielt ich von einem Küchenmeister aus Schmallenberg.

1 wildes Kaninchen (küchenfertig), 1 kg Weißkohl,
2 $\frac{1}{2}$–3 l Wasser, 125 g Speck, 2 Möhren, 2 Zwiebeln,
1 Bund Petersilie, 1 Prise Thymian, 6 Pfefferkörner,
Salz, 4 Scheiben Weißbrot

Das Kaninchen in große Stücke zerteilen und in dem Speck anbraten. Die geputzten Möhren und Zwiebeln mit dem Wasser zu dem Kaninchen geben und 1 Stunde kochen lassen. Den Weißkohl in Streifen schneiden. Diese mit den übrigen Zutaten nach 1 Stunde Kochzeit hineingeben. Weiter 1 Stunde bei schwacher Hitze kochen lassen. Das Fleisch danach aus der Suppe nehmen und in Würfel schneiden. Die Suppe kräftig durchrühren, so daß sie leicht sämig andickt. Das Fleisch wieder hineingeben. Das Weißbrot in Würfel schneiden und in einer Pfanne rösten. Die Suppe in Teller füllen, die Weißbrotwürfel obenaufstreuen.

17

Sauerländer Kartoffelsuppe
nach Art von Paula Kesting

Auf meiner Reise waren es nicht nur die Abende, die mich mit den Sauerländern zusammenbrachten. In Bruchhausen a.d. Steinen lernte ich eine liebenswürdige alte Dame kennen, die die Küche von damals noch genau kannte. Sie erzählte mir viel von den Kochgebräuchen und verriet mir in der gemütlichen Gaststube ein besonders leckeres Rezept. »Tante Paula« herzlichen Dank dafür.

1 kg Kartoffeln (mehlig kochende Sorte), 1 ½ l Buttermilch, Salz, Pfeffer, 50 g Speck, 1 EL Schmalz, 1 Bündlein Schnittlauch

Die Kartoffeln schälen, würfeln und sehr weich kochen. Das Wasser vorsichtig abschütten. Die Kartoffeln zerstampfen. Die Buttermilch vorsichtig einrühren und langsam erhitzen. Da die Buttermilch leicht gerinnt, ist es ratsam, die Suppe ständig kräftig zu schlagen. Mit Salz und Pfeffer abschmecken. Den Speck in Würfel schneiden und in der Pfanne goldgelb ausbraten. Mit Schnittlauchröllchen in die heiße Suppe geben, umrühren und sofort servieren.

Anmerkung:
Früher servierte man die Suppe im großen Topf, der mitten auf dem Tisch zu stehen kam. Jeder hatte einen Holzlöffel und aß direkt aus dem Topf. Dazu gab es gebackene Mehlpfannkuchen aus der Hand.

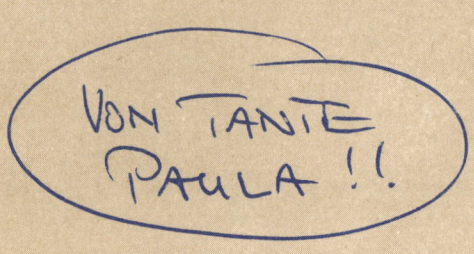

Sensenhändlersuppe
2 Personen

Großes Glück hatte ich, in Assinghausen einen ehemaligen Sensenhändler kennenzulernen. Der alte Weiken-Kracht ließ bei einer abendlichen Unterhaltung seine Jugenderinnerungen wieder lebendig werden. Zusammen mit einem Gesellen und bepackt mit Körben voller Sensen ging es an Allerheiligen auf die große Reise, die ihn erst zu Weihnachten wieder zur Familie zurückbrachte. Unterwegs aß man viel Geräuchertes und Getrocknetes. Schmackhafte Suppen wurden unterwegs zubereitet. Und sogar heute noch, 76jährig, hält den alten Weiken-Kracht zu Allerheiligen nichts mehr zu Hause. Er zieht nach wie vor durch die Lande. Der einzige Unterschied: er fährt mit dem Auto und er handelt mit selbst erfundenen und patentierten Garten-Rechen.

1 gutes Stück geräucherter und durchwachsener Bauchspeck, 1 Handvoll gesammelte Pilze (oder eine mittelgroße Dose gemischte Pilze: Champignons, Pfifferlinge, Steinpilze oder andere), Salz, Pfeffer, 2 Zwiebeln, 1 l Wasser, 2−3 dicke Scheiben Bauernbrot

Das Fleisch würfeln. Die Pilze putzen und sehr große Pilze evtl. kleinschneiden. Die Zwiebeln schälen und in Würfel schneiden. Die Speckwürfel und die Pilze in einem großen gußeisernen Kessel anbraten. Das Wasser aufgießen und die Suppe etwa 20−30 Minuten kochen lassen. Mit Salz und Pfeffer abschmecken. Die Sensenhändler aßen diese Suppe direkt aus dem Kessel und brockten sich, damit sie auch satt wurden, zusätzlich noch Brot hinein.

Schmeckte gut, nach einem anstrengenden Tag!

19

Der alte Bauer im Hochsauerland

Wenn Thomas Hochzeit macht.

Hochzeitssuppe
25 Personen

20 l Wasser, 150 g Salz, 12 kg Rindfleisch, 3 kg Sandknochen, 2 ganze Sellerieknollen, 3 Petersilie-wurzeln, 6 Zwiebeln, 4 Stangen Porree, 4 Möhren

Das Wasser mit dem Salz in einem großen Kessel (früher nahm man den gesäuberten Waschkessel dazu) zum Kochen bringen. Das Fleisch und die Knochen waschen, in das kochende Wasser geben und $1\,^1/_2$ Stunden kochen lassen. Hin und wieder den Schaum abnehmen. Zwischenzeitlich das Gemüse putzen. Nach $1\,^1/_2$ Stunden Kochzeit in die Brühe geben und eine weitere $^1/_2\,–\,^3/_4$ Stunde mitkochen lassen.

Das Fleisch und die Knochen aus der Brühe nehmen und beiseite stellen. Die Brühe durchsieben, kräftig abschmecken und heiß halten. Das Fleisch in Scheiben schneiden und in der Brühe warm halten (Verwertung des Fleisches siehe S. 32 »Hochzeitsessen«). Die Brühe wird mit Einlagen wie z. B. Blumenkohlröschen, Eierstich, Markklößchen, Reis- oder Fadennudeln in tiefen Suppentellern serviert (nicht in Suppentassen).

Graupensuppe »Blauer Heinrich«

750 g Rindfleisch oder Hammelfleisch, 200 g Graupen, 2 l Wasser, 1 Stange Porree, Salz, Maggi, 500 g Kartoffeln

Das Fleisch wird 1 Stunde vorgekocht. Dann setzt man die Graupen zu und kocht sie weiter 1 Stunde in der Brühe. Die Kartoffeln schälen und würfeln, den Porree, geputzt und in Ringe geschnitten, zur Brühe geben. Man kocht das Ganze nochmals 15 Minuten und schmeckt mit Salz und Maggi ab. Das Fleisch kleinschneiden und in der Suppe servieren.

21

Köhlersuppe

Diese Suppe war den Köhlern im Sauerland ein stärkendes und wärmendes Frühstück. Sie kochten die Suppe in gußeisernen Kesseln zum Teil über einem offenen Holzkohlenfeuer.

Pro Person:
1 dicke Scheibe dunkles Sauerländer Brot, 1 dicke Zwiebel, 1 Stück Nierentalg, einige getrocknete Waldpilze, 1 Scheibe getrockneter Speck, Salz, Pfeffer, heißes Wasser

Das Fett in den Kessel geben, das Brot bröckeln. Zusammen mit den Zwiebelscheiben in dem Kessel hellbraun rösten. Mit Wasser auffüllen, die Pilze zugeben und alles gut durchkochen lassen. Mit Salz und Pfeffer scharf würzen.

Tip:
Schmeckt noch besser, wenn man eine dicke Scheibe getrockneten Speck miträstet.

Notizen & weitere Rezepte:

fig. 2

Fleischgerichte

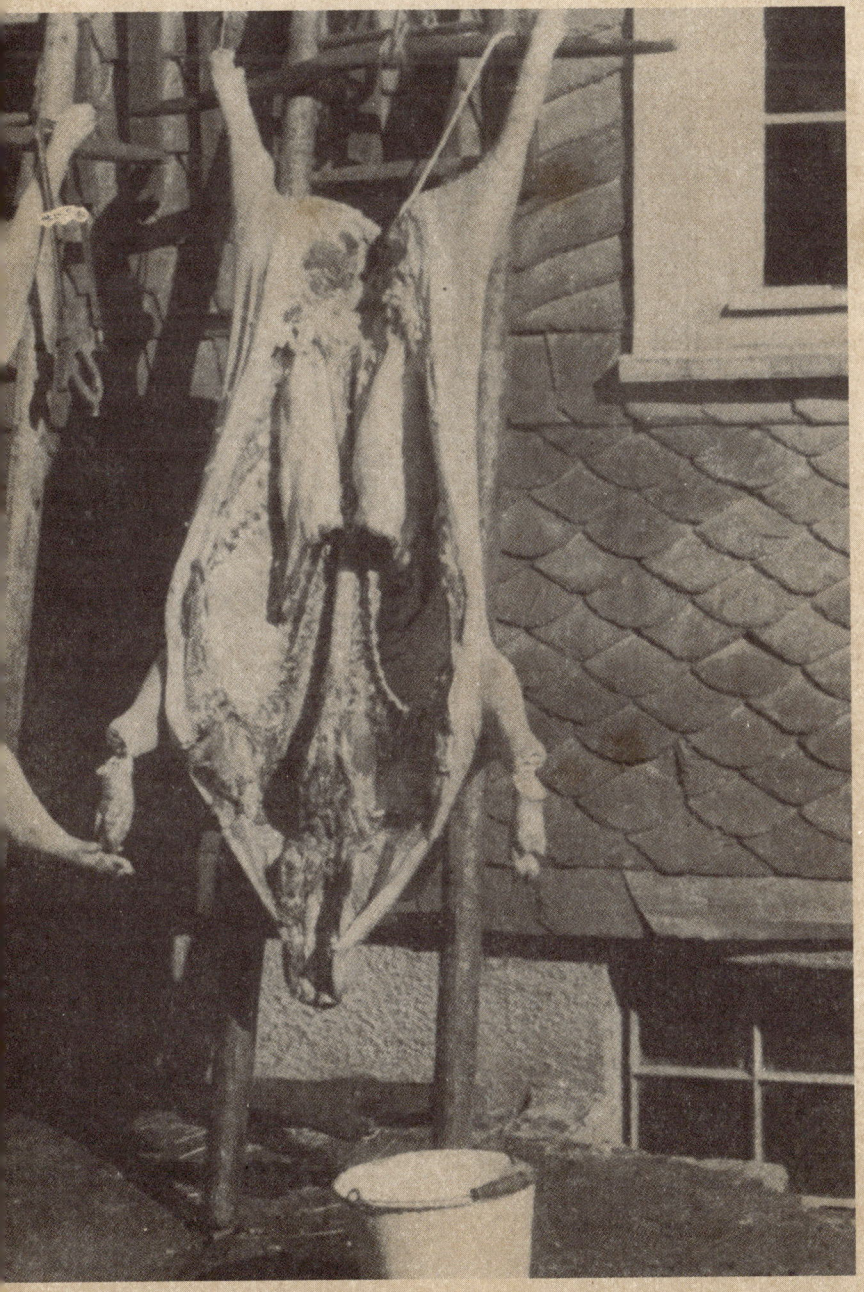

Schlachttag im Sauerland

Schlachtfestbräuche

Das Schlachtfest, wie es früher nach jedem Schlachttag gefeiert wurde, kennt man heute fast nicht mehr. In zahlreichen Familien auf dem Lande wird zwar auch heute meist noch zweimal im Jahr geschlachtet, die Bräuche jedoch, die damit verbunden waren, sterben aus.

Damals wurde zweimal im Jahr geschlachtet. Im November war die Ernte vorüber und die Temperaturen niedrig. Im Sommer wurden die Fleischvorräte aufgezehrt und es galt, für den Winter vorzusorgen. Ein zweites Mal wurde etwa im Februar geschlachtet, wenn es ebenfalls noch kalt genug war und die Bestände wieder aufgefüllt werden mußten.

Am Abend eines solchen Schlachttages, wenn das Tier zerlegt, eingekocht und verwurstet war, kamen Verwandte oder Nachbarn. Man aß am großen Tisch zusammen das, was man nicht verwertet hatte oder was von der Verwurstung abfiel. Die Eßgewohnheiten variieren ein wenig von Ort zu Ort.

Kröse (Wurstebrei)

Wenn man im Sauerland schlachtete, wurde früher stets ein großer Topf »Kröse« gekocht. Man hing in einen großen Kessel (Waschkessel = Wurstkessel) die zum Kochen bestimmten Würste. Dabei platzte hin und wieder eine und verbesserte den Geschmack der Brühe. Diese Kröse aß man so lange zu allen Mahlzeiten, bis nichts mehr davon übrig war. Zum Frühstück gab man Brot dazu, mittags und abends Salzkartoffeln mit roten Beten, Gurken oder ähnlichem. Heute kann man, da viele einen Froster haben, den Wurstebrei gut portionieren.

Schlachtfest ist immer ganz toll, wir bekommen die Würste von Onkel Thomas......

*2 l Fleischbrühe aus dem Kessel, 250 g Gerstengrüt-
ze, Restfleisch vom Schlachten nach Belieben (z. B.
zerplatzte Würste), 2 Zwiebeln, 2 Lorbeerblätter,
Salz, Pfeffer, 2 Stangen Porree, 1 Stück Sellerieknolle
Gewürze: Muskatnuß, Pfeffer, Majoran, Thymian,
Nelkenpulver, Bohnenkraut, $^1/_2$ Tasse Blut*

Die Gemüse kleinschneiden und mit den Gewürzen und den Graupen in der Fleischbrühe so lange kochen, bis die Graupen ausgequollen sind und ein dicklicher Brei entstanden ist. Mit den Gewürzen, und wenn man will, mit einer halben Tasse Blut ver-rühren. Mit Brat- oder Salzkartoffeln, mit Salat, roten Beten oder Gewürzgurken essen. Abends nur Brot dazu reichen.

Sauerländer Schlackwurstpfanne

Schlackwurst gibt es nur im Sauerland unter diesem Namen. Im übrigen Westfalen ist sie als Bierschinken oder Mettwurst be-kannt. In der Schlackwurst sind Innereien des Schweines (Herz, Hirn und Nieren) mitverarbeitet. Man serviert diese Spezialität zu dem berühmten westfälischen Pumpernickel, diesem süßlichen, schwarzen, grob geschroteten Brot und einem sauerländischen Bier. Man kann jedoch die Wurstpelle entfernen und die Schlack-wurst in kleine Stücke schneiden. Dann brät man sie in Schmalz mit Zwiebelringen braun. Dazu ißt man Sauerkraut oder frischen Salat mit Salzkartoffeln.

Hausgemachte Sülze

*500 g mageres Schweinekopffleisch, 250 g Schweine-
füße, 250 g Schwarten, 1 Zwiebel, 300 g Wurzelgemüse, 1 Kräuterbündel, Nelkenpfeffer, Salz, Pfeffer,
Lorbeerblatt, Essig und wenig Zucker*

Das Fleisch, die Schweinefüße und die Schwarten in reichlich Was-ser mit Zwiebel, Lorbeerblatt und Wurzelgemüse, Kräuterbündel und wenig Nelkenpfeffer kochen und nach dem Garwerden von

Ein schnelles Mittag-
essen mit Senfsoße aus
Majonnaise, Senf u. Zucker.

den Knochen absuchen und würfeln. Den Fond weiter einkochen lassen, bis ca. $\frac{1}{2}$ l übrigbleibt, durchsieben und würzen. Zusammen mit dem gewürfelten Fleisch in eine Form geben und erstarren lassen. Hin und wieder umrühren, damit das Fleisch gleichmäßig in dem Sülzsud verteilt ist.

Dazu Bratkartoffeln und saure Beilage (z. B. Gewürzgurken oder frische Salate) reichen.

Sauerländer Bierfleisch

1 kg Rinderhüfte (ersatzweise auch Schweinekamm), 6 Scheiben durchwachsener Speck, 1 EL Salz, 1 EL Pfefferkörner, 1 Zwiebel, 2 Lorbeerblätter, 6 Gewürznelken, 1 Flasche Warsteiner Pils, 4 EL Essig, 2 EL Zuckersirup, $\frac{1}{2}$ l Fleischbrühe, 1 Zwiebel, 1 Stange Lauch, $\frac{1}{2}$ Sellerieknolle, 2 Karotten

Einen Römertopf (Römertopf vorher ca. 20 Minuten in kaltes Wasser stellen) oder ein normales Bratgeschirr mit Deckel legen wir mit Speckscheiben aus. Die Rinderhüfte salzen und mit den Pfefferkörnern einreiben. Auf die Speckscheiben legen. Die eine Zwiebel halbieren. An den Schnittflächen die Lorbeerblätter mit den Gewürznelken feststecken. In das Bratgeschirr geben und erst dann das Fleisch mit $\frac{1}{4}$ l Wasser, dem Bier, Essig, Zuckersirup und der Fleischbrühe auffüllen und 90 Minuten zugedeckt schmoren lassen (beim Schweinekamm nur 50 Minuten).

Unterdessen das Gemüse waschen, schälen und in größere Würfel schneiden. Nach der Garzeit den Topf oder das Bratgeschirr öffnen, das Gemüse hineingeben und weitere 30 Minuten mitschmoren lassen. Die Soße durchschlagen. Das Fleisch aufschneiden und mit der Soße bedeckt servieren.

Gefüllte Schweinebacke »Sauerländer Art«

*1 kg Schweinebacke, 3 Zwiebeln, 1 Apfel, 1 Karotte,
20 g Butter, ¼ l Rotwein, 1 Eigelb, 20 g Semmelbrösel, 1 EL Mehl, Salz, Basilikum, Nelken, Salbei,
Pfeffer*

Die Schweinebacke gut abwaschen und mit einem Tuch abtrock-
nen, die Schwarte in Gitterform einschneiden. In das Fleisch eine
Tasche schneiden und von innen ein wenig mit Salz und Pfeffer
würzen. Die 2 Zwiebeln fein reiben und in Butter anschmoren. Mit
Salz, Basilikum, Salbei und Pfeffer würzen, die geschälten, in
kleine Stücke geschnittenen Äpfel darunter mischen und mit Eigelb abbinden. Diese Masse wird in die Fleischtasche gefüllt und mit
einem Faden gut verschlossen. Die Schweinebacke von außen mit
Salz und Pfeffer würzen und mit der Schwarte nach unten in eine
Kasserolle legen. Mit einem Deckel abdecken und das Fleisch ca.
45 Minuten schmoren lassen. Die Karotte und eine Zwiebel in
feine Würfel schneiden, Semmelbrösel und Nelken zugeben und
nochmals 1¼ Stunde schmoren. Den Deckel abnehmen und bei
260°C noch ca. 12 Minuten bräunen lassen. Das Fleisch mit Rotwein angießen und die Soße mit Mehl binden. Dazu reicht man
Stielmus (s. S. 82) und Petersilienkartoffeln.

Sauerländer Weihnachtsbraten

*1–1½ kg dicke Schweinerippe, 250 g Backpflau-
men, 8 dicke saure Äpfel, 40 g Zucker, 2 EL
Schmalz, Salz, Pfeffer, 1 EL Mehl, ⅛ l Sahne*

In die Schweinerippe vom Metzger eine Tasche schneiden lassen.
Die Pflaumen über Nacht einweichen. Die Äpfel schälen und in
Würfel schneiden. Die Rippe innen und außen mit Salz und Pfeffer
einreiben. Die Pflaumen und die Äpfel mit dem Zucker mischen
und in die Tasche füllen. Zunähen oder zustecken und in dem Fett
kräftig braun anbraten. Mit Wasser ablöschen und weich schmoren
lassen (ca. 1½ Stunden). Das Mehl und die Sahne verrühren. Das

Fleisch aus dem Topf nehmen, die Soße binden und mit Pfeffer, Salz und Zucker pikant kräftig abschmecken.
Dazu reicht man geschmorten Rotkohl, Apfelkompott und Salzkartoffeln.

Wittgensteiner Pirschbraten

1 kg Rinderhüfte, 100 g fetter Speck, ¹/₂ TL Salz, ¹/₂ TL Pfeffer, ³/₄ l Rotwein, ¹/₄ l Weinessig, ¹/₄ l Wasser, 1 Zwiebel, 2 Lorbeerblätter, 1 TL Gewürznelken, 1 Zitrone, 2 EL zerdrückte Wacholderbeeren, 1 TL Thymian, 1 leicht angebrannter Fichtenzweig
Soße: 4 EL Johannisbeergelee, 4 EL Preiselbeeren, ¹/₄ l Sahne, 4 cl Kirschlikör

Das Fleisch mit dem in lange Streifen geschnittenen fetten Speck gleichmäßig spicken, salzen und pfeffern. In einem sehr heißen Bratentopf das Fleisch rundum scharf anbraten, bis es auf allen Seiten eine schöne braune Farbe bekommen hat. Danach die anderen Zutaten langsam zugeben und bei 220° C ca. 80 Minuten schmoren lassen. Öfters wenden. Inzwischen die Soße passieren. Falls sie nicht sämig genug ist, mit etwas Mehl binden. Die Soße nicht mehr kochen, mit der geschlagenen Sahne, dem Kirschlikör und den Preiselbeeren verfeinern.

Tip:
Zum Spicken eine Spicknadel verwenden. Gespickt wird immer längs der Fleischfaser und tranchiert gegen die Faser, so sind die Fleischscheiben gleichmäßig mit Speck durchsetzt.

Fredeburger Schinkenkuchen

300 g Gehacktes, 300 g gekochter Schinken in Scheiben, Salz, Pfeffer, Paprika, Majoran, 2 gehackte Zwiebeln, die abgeriebene Schale einer Zitrone, 1 Glas Rotwein, 1 EL Paniermehl, 1–2 Eier, 1 EL gehackte Petersilie

Den Schinken in ganz feine Würfel schneiden und mit all den anderen Zutaten vermengen und kräftig abschmecken. Eine mittelgroße Kastenform buttern, mit Paniermehl ausstreuen. Den Teig einfüllen. Etwas flüssige Butter obenauf träufeln, damit der Teig nicht austrocknet. In den auf 200° C vorgeheizten Backofen schieben und ca. 45 Minuten darin backen lassen. Auf eine längliche Platte stürzen und mit Kirschen aus dem Glas oder Weintrauben umlegen.

Der Kuchen kann kalt oder warm mit Sauerländer Bauernbrot und Butter gegessen werden.

Ein großer Party-Hit mmk.

Rinderwurst

Von ihr schwärmt man im Sauerland. Rinderwurst wurde und wird aber nur zu besonderen Anlässen zubereitet (z. B. Schützenfeste, Kirmes oder Hochzeiten). Sie wird nie im eigenen Haus hergestellt, man bestellt sie beim Metzger.

Da aber die Metzger wie vielen anderen auch uns nicht das Rezept für die Rinderwurst verraten haben, sei hier nur erwähnt, daß die Wurst aus nicht zu magerem Rindfleisch besteht, vermischt mit gehacktem Suppengrün und dem zerkrümeltem Lorbeerblatt. Sie ist mit Pfeffer, Salz, Muskat und Nelkenpfeffer gewürzt und wird in Därme abgefüllt, wie »Leberbrot« gekocht. Wenn man sie essen will, streicht man sie aus dem Darm, dämpft oder brät sie, übergießt sie mit heißer Butter und serviert sie mit Apfelkompott und Salzkartoffeln oder mit einem Brötchen.

Beim Metzger fragen !

Sauerländisches Hochzeitsessen

Dieses Gericht wird im Anschluß an die Hochzeitssuppe von dem noch warmen Suppenteller gegessen.

12 kg gekochtes Rindfleisch (s. Hochzeitssuppe S. 21)
Soße: 3 kg Zwiebeln, 200 g Rosinen, 1 ½ l Fleisch-
brühe, 200 g Butter, einige EL Zwiebackmehl,
1 Tasse Milch, Salz, Zucker, Essig

Die Zwiebeln schälen und in mittelgroße Würfel schneiden. In der Butter hellgelb anschwitzen und mit Brühe auffüllen. Die Rosinen zugeben. Solange kochen lassen, bis die Zwiebeln weich sind. Soviel Zwiebackmehl in der Brühe ausquellen lassen, daß eine dickliche Soße entsteht. Diese mit etwas Milch verfeinern und mit Salz, Zucker und Essig süßsäuerlich abschmecken.
Das Fleisch in den Suppenteller geben und mit der Zwiebelsoße übergießen. Dazu ißt man Salzkartoffeln und evtl. einen frischen Salat oder Gewürzgurken. Diese Speise wird nach der Suppe als Zwischengericht serviert. Danach folgen verschiedene Fleisch- und Gemüseplatten und einige Desserts.

Sauerländer Spießbraten

für 8–10 Personen

Zur Sommerzeit wird auch im Sauerland viel gegrillt. Dazu haben sich die Fremdenverkehrsvereine engagiert und stellten im Hochsauerland Grillplätze bereit, die jeder Wanderer besuchen kann. In diesen kleinen Hütten kann man zum Beispiel einen hervorragenden, bereits vorbereiteten Spießbraten grillen, den man über Holzkohlenfeuer zubereitet.

3 kg Schweinekotelett, ausgelöst ohne Knochen, Salz,
Pfeffer, Senf, 1 kg dicke Zwiebeln, 1 Knoblauchzehe,
Öl

Das Kotelettstück in 2–3 cm dicke Scheiben schneiden. Von beiden Seiten mit Salz und Pfeffer sowie Senf einreiben. Die Zwiebeln schälen und in dicke Scheiben schneiden. Jeweils ein Kotelett und eine dicke Zwiebelscheibe auf einem Spieß eng aufreihen. Das so lange, bis der Spieß gefüllt ist. Die Knoblauchzehe mit etwas Salz zerdrücken und etwas Öl darübergeben. Mit dieser Marinade den Spieß einpinseln. Auf einem entsprechend großen Grill (oder vorgeheizten Backofen) legen und rundum knusprig braun braten. Das dauert ca. $1-1^1/_2$ Stunde. Häufig wenden, damit das Fleisch gleichmäßig braten kann.

Zu einem Spießbraten reicht man Tomatensaft und Sauerländer Bauernbrot. Zu empfehlen sind auch in der Holzkohlenasche gebackene Kartoffeln (evtl. Alufolie verwenden).

Schmeckt besonders lieber Holzkohlenfeuer.

33

Ein Ragout von wilder Schweinsfleisch.

Wenn es noch frisch ist so muß es durch gehackt werden
mit Speck, Zwiebeln und Lorberblätter Ingwer Zitronen
Wacholderbeeren ganzer Pfeffer und ein wenig Wein.
Dann wird es begossen, bis es weich ist. Ist es durchge...
das Fleisch, so muß man es noch sieden lassen sehen ob es
wann wird. Dann thut man ein wenig Kleiemehl
und Butter in eine Kasserole, rühret dieses so lange bis
es gelb ist wieder, dann es dran weißer Zucker und
rühret ihn mit durch gießt dann etwas weniges Wasser,
Speck und einen Glas weißen Wein dazu ein wenig
ganzen Zimmet und in scheiben geschnitten Zitronen
das Fett wird von der Brühe genommen
legt dann das Fleisch auf eine Schüssel und gießt die
Brühe darüber.

Notizen & weitere Rezepte:

fig. 3

Wild und Geflügel

Jagd im Sauerland

Vom Jagen im Sauerland

Das Sauerland ist eine Wildheimat, die ihresgleichen sucht. Lediglich die ausgedehnten Wälder des Schwarzwaldes können vergleichend angeführt werden. Das Waidwerk ist eine der hochentwickkelten Traditionen, die sich einer starken Volkstümlichkeit erfreut. Das jagdliche Brauchtum wird auch im Sauerland heute noch in mustergültiger Weise gepflegt.

Gewiß sind die Zeiten, da noch Wisent und Auerochs oder Wolf und Bär ihre Fährten durch die Wälder zogen, vorbei. Vorbei ist auch die Zeit, in der man noch Adler über dem Quellgebiet der Ruhr beobachten konnte. Heute tummelt sich Rotwild, Muffelwild, Sikawild, Schwarzwild, Reh, Hase und vereinzelt auch Fasan. Durch den Berglandcharakter hat sich der Fasan nicht halten können. Versuche scheiterten, ihn auch im Sauerland heimisch zu machen.

Die herbstlichen Treibjagden dienen nicht nur dem sportlichen Ehrgeiz. Durch sie wird auch der Wildbestand ausgeglichen.

Dem Jäger ist es bestimmt nicht unbekannt, daß man überall im Sauerland hervorragende Wildspezialitäten, zum Teil aus eigener Jagd, essen kann. Auf den folgenden Seiten finden Sie einige typische Wildgerichte, die Ihnen auch zu Hause großen Erfolg bringen.

Halali

Hubertustopf

500 g Wildfleisch (Reh, Hase, Hirsch), 2 große Zwiebeln, 40 g Schmalz, 250 g Pfifferlinge, 150 g Möhren, 150 g Sellerieknolle, $^1\!/_4$ l Rotwein, Salz, Pfeffer, 1 Lorbeerblatt, 3–4 Wacholderbeeren, 300 g Kartoffeln

Das Wildfleisch würfeln und mit den gehackten Zwiebeln anbraten. Die abgetropften Pfifferlinge, die geputzten und in Würfel geschnittenen Möhren und Selleriestücke kurz mit anbraten, mit Rotwein ablöschen und die geschälten und gewürfelten Kartoffeln einschichten. Etwas Wasser zugeben. Würzen und 30 Minuten (10 Minuten im Schnellkochtopf) garen. Lorbeerblatt und Wacholderbeeren herausnehmen. Das Gericht evtl. mit Mehl oder Zwiebackmehl andicken oder auch mit etwas Sahne verfeinern.

Habe ich aus Winkhausen!

Rehroulade

4 Rehkeulscheiben (je 130–150 g), 8 Speckscheiben, 250 g Rehfleisch, 125 g Speck, 2 Sardellenfilets, 4 alte Brötchen, Zitronensaft, ½ Zitrone, 50 g Butter, ¼ l Rotwein, ½ l Fleischbrühe, ½ geriebene Zitronenschale, ¼ l Sauerrahm, 1 EL Petersilie, Salz, Pfeffer

Die Fleischscheiben ausbreiten und flachdrücken. Rehfleisch und Speck durch den Fleischwolf drehen. Mit den zerdrückten Sardellenfilets, mit den in Rotwein eingeweichten und ausgedrückten Brötchen, mit Zitronensaft und Zitronenschale verkneten. Auf jede Fleischscheibe 2 Scheiben Speck legen und ¼ der Hackfleischmasse, zusammenrollen, -binden oder -stecken und in heißer Butter scharf anbraten. Würzen. Mit dem restlichen Rotwein und der Fleischbrühe ablöschen und weichschmoren. Die Rouladen warmstellen, die Soße einkochen lassen und mit verschlagenem Sauerrahm binden. Nachwürzen, über die Rouladen gießen und mit gehackter Petersilie bestreuen. Dazu Püree oder Bratkartoffeln servieren.

Rehgulasch nach Sauerländer Hausfrauen-Art

Dieses Gericht erhielt ich von Frau Gondlach, Winkhausen

*1 kg Rehfleisch ohne Knochen
Marinade: 1 Flasche trockener Rotwein (Bordeaux),
2 Lorbeerblätter, 2 Nelken, 1 Zwiebel, ½ Zitrone
oder 2 EL Essig, 1 TL Thymian
zum Braten: 2 EL Schmalz, 1 Zwiebel, 6 Wacholderbeeren, 4 Pfefferkörner, die abgeriebene Schale einer Zitrone, 1 Schwarzbrotrinde, 2 TL Preiselbeeren,
evtl. 2–3 EL Sahne*

Das Fleisch in Würfel schneiden und in die o.g. Marinade 2 Tage einlegen. Danach das Fleisch trocken tupfen, in Schmalz scharf anbraten. Die Zwiebel schälen und in grobe Würfel schneiden. Mit den Wacholderbeeren, den Pfefferkörnern und der Zitronenschale vermengen. Ebenso gibt man die Nelken und die Lorbeerblätter aus der Marinade zu. Gut durchbraten und mit etwas Marinade auffüllen. Das Fleisch in etwa 1—1 ½ Stunden garen, wobei hin und wieder etwas Marinade neu angegossen wird. Nach alter Sitte wird die Soße nicht mit Mehl angedickt, sondern mit zerkrümelter Brotrinde, die in dem Bratfond ausquellen muß. Wer diesen pikanten Geschmack nicht mag, kann auch etwas Mehl mit Wasser verrühren und die Soße damit andicken. Mit Preiselbeeren und Sahne verfeinern.

Tip:
Beilage: Kartoffelklöße (s. S. 73) und Apfelkompott mit Preiselbeeren.

Wittgensteiner Forstspieß

120 g Wildrückenfleisch, 30 g Zwiebeln, 30 g Champignons – groß, 30 g Pfifferlinge – groß, 50 g Schinkenspeck, 150 g Rosenkohl, 15 g Schinkenspeck, 1 Zwiebel, gewürfelt, 1 Petersilienbund, Salz, Pfeffer, Paprika

Das Wildfleisch in flache Würfel schneiden und abwechselnd mit den geschnittenen Zwiebeln, den Champignons, den Pfifferlingen und dem Speck auf einen Spieß stecken. Mit Salz und Pfeffer würzen, mit etwas Paprika bestreuen und langsam in Butter braun braten.
Den Rosenkohl putzen und in Wasser kochen. Anschließend zusammen mit den Schinkenspeckwürfeln und den Zwiebelwürfeln anbraten, mit Salz und Pfeffer würzen. Dazu gibt man Kartoffelkroketten.
Tip:
Etwas Butter mit Bratenfond anrühren und 1 TL gehackte Petersilie unterrühren. Dann über den Spieß gießen.

Bevor die Jagdhörner zur Jagd rufen, die Gesellschaft sich sammelt, um im frühen Morgen auf die Pirsch zu gehen, bereitet auch heute noch die Hausfrau dem Jäger sein Frühstück. Ein Jägerfrühstück ist immer eine deftige Brotspeise, die wir Ihnen mit drei verschiedenen Belägen vorstellen wollen. Aber auch Nichtjäger sollten diese köstlichen »Brote« einmal versuchen.

Jagdfrühstück »Briloner Art«

Brilon im Hochsauerland erhielt seinen Namen indirekt durch Kaiser Karl d. Großen. Er befand sich auf einer Reise von Aachen nach Paderborn und verirrte sich im sauerländischen Wald. In einer kleinen Kate kehrte er ein und wurde dort unerkannt mit einem einfachen, aber schmackhaften Brei bewirtet. Am nächsten Morgen, als er seine Reise fortsetzte, gab er sich zu erkennen und belohnte den Wirt mit einem »Breilohn«. Abgewandelt heißt die schöne Stadt heute Brilon.

1 Scheibe kerniges Sauerländer Brot, Butter, Senf, ein Salatblatt, 1 Gewürzgurke, je 1 Scheibe Speck und Schinken, 1 Tomate, Radieschen

Das Fleisch sollte möglichst $\frac{1}{2}$ cm dick geschnitten und gewürfelt sein. Die Gewürzgurke ebenso würfeln und mit dem Schinken und Speck mischen. Das Brot buttern und mit Senf bestreichen. Das Salatblatt darauf ausbreiten, mit der Schinken-Gurken-Speckmischung belegen. Mit Tomatenscheiben und Radieschen garnieren.

Sauerländer Wilddieb

1 Scheibe kerniges Sauerländer Brot, Butter, ca. 100 g Mett (fertig gewürzt), 2 Eier, 2 gewässerte Sardellenfilets, 2 EL grob gewürfelte Zwiebeln

Das Brot buttern und mit dem Mett dick bepacken. Die Eier als Spiegeleier braten und auf das Brot legen. Die Sardellenfilets kreuzweise auf die Spiegeleier legen. Die Zwiebeln über dem Mett verstreuen.

Oberkirchner Jägerfrühstück

1 Scheibe kerniges Sauerländer Bauernbrot, Butter, gebratenes Rehfleisch, 1 Mandarine, Spargelspitzen, etwas gute Mayonnaise

Das Brot buttern, das Fleisch in dünne Scheiben schneiden, auf das

41

bei Schütte in Oberkirchen

Brot legen. Mit Spargelspitzen und Mandarinenfilets dekorieren.
Mit ganz wenig Mayonnaise betupfen.

Jägersalat I

1 kg Weißkohl, 2 Äpfel, 2 Zwiebeln
Marinade: 3 EL Öl, 3 EL Essig, etwas Wasser, Salz,
Zucker, Pfeffer

Den Weißkohl säubern, den Strunk herausschneiden und den
Kohl feinraffeln. In reichlich Salzwasser dreiviertel weichkochen.
Die Zwiebel schälen und fein hacken und zu dem abgetropften,
abgekühlten Kohl geben. Die Marinade rühren und mit dem Kohl
vermengen. Zum Schluß die Äpfel schälen, fein raspeln und ebenfalls unter den Salat geben.

Jägersalat II

500 g dunkles Wildfleisch (gekocht oder gebraten),
250 g gekochter Schinken, 2 Äpfel, 1 kl. Dose Pilze
(Champignons, Pfifferlinge)
Soße: 3 EL Öl, Saft einer Zitrone, die abgeriebene
Schale einer Zitrone, $1/2$ geriebene Zwiebel, Salz,
Pfeffer

Das Fleisch und den Schinken in Würfel schneiden. Die Pilze abtropfen lassen und evtl. kleiner schneiden. Die Äpfel schälen, das
Kerngehäuse entfernen, in Würfel schneiden. Alle Zutaten vermengen und mit oben genannter Soße vermischen. Gut durchziehen lassen und evtl. nach 1 Stunde nochmals abschmecken.

Den Salat zu Bier und einer Scheibe Brot reichen.

Eleganter ist folgende Ausführung: Weißbrot toasten, mit Butter
bestreichen, mit einem Salatblatt belegen. Den Jägersalat auf das
Salatblatt häufen.

Rehbockleber nach Jägerart
3–5 Personen

Wie überall, so war die Jagd früher auch im Sauerland nur dem Adel vorbehalten. Einladungen zu adeligen Treibjagden waren begehrt und galten als Auszeichnung. Heute kann jeder solche Einladungen aussprechen, sofern er das Jagdrecht genießt. Das Sauerland mit seinen dichten Waldflächen ist das Revier für mannigfaltige Tierarten. So werden in erster Linie Hasen, Reh-, Schwarz-, Rotwild gejagd. Vereinzelt kann man auch Muffelwild antreffen.

In unserem nächsten Rezept geht es um den Rehbock, der natürlich nicht auf Gesellschaftsjagden geschossen wird. Nachdem man das Tier geschossen hat, wird es noch im Revier »aufgebrochen«, und es werden die Innereien entfernt. Früher bereitete die Hausfrau die noch frische und warme Leber wie folgt zu:

1 frische Rehleber (noch warm), Butter zum Braten, 4 große Zwiebeln, 2 große Boscop-Äpfel, Pfeffer, Salz, Mehl zum Wenden

Die Leber wird gehäutet, in 1–1 ½ cm dicke Scheiben geschnitten, in Mehl gewendet und von beiden Seiten in schäumender Butter braun gebraten. Dabei hin und wieder mit Butter begießen. Herausnehmen, mit Salz und Pfeffer würzen und warm stellen. Die Zwiebeln schälen und in Scheiben schneiden, die Äpfel mit einem Apfelstecher ausbohren, *nicht* schälen und in 1 cm dicke Scheiben schneiden. Beides in der Butter kurz braten und auf die Leber legen.

Dazu Graubrot reichen.

Hasenpfeffer

Die Gerichte ». . . pfeffer« werden immer mit frischem Blut zubereitet. Dazu ist es nötig, daß man das Tier warm aufbricht und das Blut in einer Schüssel auffängt und es mit Essig verrührt. So hält es sich im Kühlschrank 3–4 Tage.

750 g Hasenfleisch (Vorderläufe, Bauchlappen, Rippchen, Hals, Kopf, Herz, Leber), 40 g Schmalz, 40 g durchwachsener Speck in Scheiben, 2 Zwiebeln, 3/4 l Fleischbrühe, Salz, 3–4 Nelken, 10 Pfefferkörner, 2 Lorbeerblätter, etwas Zucker, etwas Essig, Blut

Das Hasenfleisch in große Stücke teilen und in dem Schmalz scharf anbraten. Speck und Zwiebeln würfeln, mitbraten und das Ganze mit Fleischbrühe ablöschen. Salzen und die übrigen Gewürze zufügen. Danach die Nelken, zerstoßene Pfefferkörner, Lorbeerblätter herausnehmen, die Soße mit Blut binden und mit Zucker und Essig abschmecken. Der Hasenpfeffer soll dunkelglänzend aussehen. Dazu reicht man Salzkartoffeln oder Kartoffelklöße (s. S. 73).

Tip:
Sollten Sie kein Hasenblut bekommen, können Sie auch Schweineblut vom Metzger holen oder um die Geschmacksrichtung des Ragouts zu ändern, die Soße mit Mehl binden und mit 2 EL Pflaumenmus verfeinern.

Ein originelles und uriges Gericht fanden wir im Sporthotel Laasphe von Herrn Ahrens, nämlich die

Wittgensteiner Berge

2 Wildsteaks (Wildschwein/Reh) ca. 70 g, 150 g geputzter Rosenkohl, gekocht, 150 g gekochte Kartoffeln, kalt in Scheiben, 50 g Schinkenspeck, 50 g Champignons, 50 g Pfifferlinge, Petersilie, Salz, Pfeffer, Majoran, 1 Zwiebel, 20 g Butter, 1/2 Tasse Sahne

Die beiden Wildsteaks gut klopfen, salzen und mit den feinge-
drückten Wacholderbeeren und mit Pfeffer bestreuen. In Butter
langsam braten lassen.

Beilage I
Den Rosenkohl in den Schinkenspeck würfeln anbraten, mit Salz
und Pfeffer abschmecken.

Beilage II
Die in Scheiben geschnittenen Kartoffeln braten, 1 TL Zwiebeln
gewürfelt beigeben und abschmecken.

Pilzgarnitur
Den Schinkenspeck in Würfel schneiden und braten. Die Pilze dazugeben und ebenfalls mitbraten. Etwas Salz, Pfeffer, Majoran
und Sahne dazugeben und einkochen lassen.

Wie man die Wittgensteiner Berge anrichtet, sehen Sie auf der un-
teren Zeichnung.

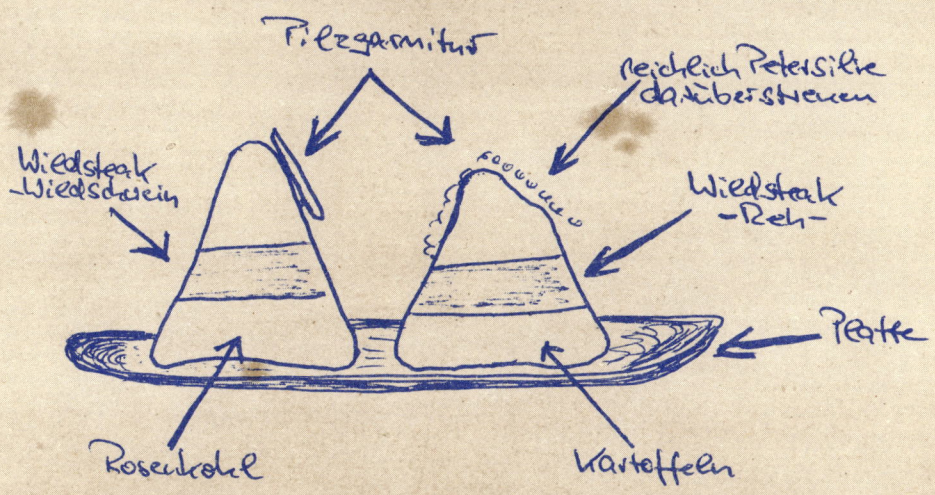

Hirschsteaks »Hubertus«

640 g enthäutetes Hirschrückenfilet oder Hirsch-
keulenfleisch, 100 g Räucherspeck, Salz, Pfeffer,
$^1/_2$ Zwiebel, 350–400 g Steinpilze, $^1/_4$ l Rotwein,
$^1/_4$ l Sauerrahm, $^1/_4$ l Wildjus (klare Wildsoße) s.
nächstes Rezept, 20 g Mehl, 20 g Butter, 1 EL ge-
hackte Kräuter (Dill, Estragon, Salbei, Kerbel), 1 kg
Maronen, $^3/_4$ l Milch, 50 g Butter, 50 g Zucker,
1 Prise Salz

Das Hirschfleisch in ca. 150 g schwere Steaks schneiden. Mit Salz
und Pfeffer würzen und in Butter braten. Das Fleisch anschließend
warm stellen. Den in Würfel geschnittenen Räucherspeck und die
Zwiebel sowie die in Würfel geschnittenen Steinpilze gut anschwitzen, mit Wein ablöschen. Wildjus hinzugeben, mit Mehlbut-
ter binden und mit Sauerrahm und den gehackten Kräutern verfeinern und würzen. Die von der Schale und Haut befreiten Maronen
in Milch weich kochen und passieren. Die restliche Butter untermengen und mit Salz und Zucker abschmecken.
Die Steaks auf dem Maronenpüree anrichten und mit der Soße begießen. Dazu reicht man Preiselbeeren, Kroketten und frische Salate.

Wildjus
(klare Wildsoße)

500 g kleingehackte Wildknochen, 50 g Wurzelwerk,
1 TL Tomatenmark, 3 EL Mehl, 1 $^1/_2$ l ungesalzene
Fleischbrühe, $^1/_4$ l Burgunderrotwein, Salz, Pfeffer,
$^1/_2$ Zwiebel, Speckschwarte

Die kleingehackten Wildknochen in Fett braun anrösten. Zwiebel
und Speckabfälle zugeben und alles zusammen gut bräunen. Das
Tomatenmark zugeben, mit Mehl bestäuben und mit der Fleischbrühe auffüllen und ca. 2–3 Stunden kochen lassen. Mit Salz, Pfeffer und Rotwein abschmecken.

Wildschweinkeule »Freiherren Art«

Frischlingskeulen brauchen nicht mariniert zu werden. Keulen älterer Tiere sollte man erst 3—4 Tage in eine Rotweinmarinade legen.

1 Keule von 1 ¹/₂—2 kg
Marinade: 2 Flaschen trockener Rotwein, 2 Zwiebeln, 2 Stangen Porree oder Lauch, 10 Wacholderbeeren, 10 Pfefferkörner, 3 Lorbeerblätter, 1 Möhre, 1 Bund Petersilie
Zum Braten: 60 g Schmalz, 3 Zwiebeln, 2 Möhren, ¹/₄ Sellerieknolle, 1 Tomate, Fleischbrühe und Rotwein, ¹/₄ l Sahne, einige schwarze Trüffel, Salz, Pfeffer

Die Keule waschen und trocken tupfen. Für die Marinade die Gemüsesorten putzen, die Wacholderbeeren und Pfefferkörner im Mörser zerstampfen und die Möhre längs halbieren. Alle diese Zutaten mit dem Wein übergießen. Die Keule in die Marinade legen und kühl stellen. 3—4 Tage unter mehrmaligem Wenden marinieren.

Zum Braten:
Die Keule trocken tupfen. Das Fett in einer großen Kasserolle erhitzen. Das Fleisch scharf darin anbraten. Mit etwas Fleischbrühe ablöschen. Den Bräter in den Backofen schieben. Bei 225° C etwa 1 Stunde schmoren lassen. Häufig begießen. Wenn die Flüssigkeit zu stark einkocht, muß sie erneut aufgefüllt werden. Inzwischen das Gemüse putzen und würfeln und nach 1 Stunde Bratzeit zu dem Fleisch geben. Das Gemüse mit Brühe und Wein knapp bedecken und ca. 1 Stunde mitschmoren lassen, bis die Keule gar ist. Den Topf aus dem Backofen nehmen und auf eine heiße Kochplatte stellen. Das Fleisch aus der Soße nehmen und in dem noch heißen Backofen warm halten. Die Soße auf die Hälfte einkochen lassen und durch ein Sieb streichen. Das Gemüse sollte so stark durch ein Sieb gepreßt werden, daß es als Brei die Soße bindet. Mit Sahne auffüllen, die Trüffel in Scheiben schneiden und die Soße wiederum etwas einkochen lassen. Das Fleisch in Scheiben schneiden, auf eine vorgewärmte Platte legen, mit ganz wenig Soße über-

ziehen und mit Pilzen, warmen Birnen, die mit Preiselbeerkompott gefüllt sind, umlegen. Dazu Salzkartoffeln oder Püree servieren. Die Soße sollte extra gereicht werden.

Tip:
Auf die gleiche Art kann auch ein Frischlingsrücken zubereitet werden. Man beachte aber die kürzere Schmorzeit.

Wildschweinsteaks reich garniert

9 Wildschweinsteaks (aus der Keule oder dem Rücken), 60 g Butter zum Braten, Salz, Pfeffer
Garnitur I.: 50 g durchwachsener, geräucherter Speck, 1 mittelgroße Dose Pfifferlinge sortiert, 1 Zwiebel, Salz, Pfeffer, Petersilie
Garnitur II.: 1 kleines Glas Sauerkirschen, 20 g Butter, 2 EL Zucker, 2 cl Kirschwasser, 3 Scheiben gekochter Schinken
Garnitur III.: 100 g feine Kalbsleberwurst, 2 cl Weinbrand, etwas Sahne, 3 Maraschino-Kirschen oder einige Mandarinenfilets oder Tomatenachtel.

Die Steaks mit dem Handballen etwas flach drücken und in der schäumenden Butter von beiden Seiten je 5—8 Minuten braten. Salzen und pfeffern und warm stellen.

Garnitur I.:
Den Speck und die Zwiebeln würfeln und mit den abgetropften Pfifferlingen in dem Fett braten. Mit Salz und Pfeffer abschmekken. Auf drei der Steaks häufeln. Mit gehackter Petersilie bestreuen.

Garnitur II.:
20 g Butter in der Pfanne auslassen, die abgetropften Kirschen kurz darin anbraten und mit dem Kirschsaft ablöschen. Mit angerührter Speisestärke binden, mit Zucker und dem Kirschwasser abrunden. 3 Steaks mit dem gekochten Schinken belegen und die Sauerkirschen darüber geben.

Garnitur III:
Die Leberwurst mit Sahne und Weinbrand zu einer festen Creme rühren. In einen Spritzbeutel füllen. Die Creme turmartig auf die

restlichen 3 Steaks spritzen. Obenauf jeweils 1 Maraschino-Kirsche oder einige Mandarinenfilets oder ein Tomatenachtel eindrücken.

Die Steakplatte mit Bratkartoffeln oder auch nur mit frischen warmen Brötchen servieren. Dazu trinkt man ein Sauerländer Pils oder einen kräftigen, vollmundigen Rotwein.

Wildschweinkopf

Um Ihnen aufzuzeigen, wie unsere Urgroßmütter und Großmütter ein Wildschwein verarbeitet haben, und zwar *alles* verarbeiteten, sei Ihnen hier ein Rezept von Henriette Davidis aus ihrem »Praktischen Kochbuch« wiedergegeben:

Man schickt den Kopf zum Schmied, um ihn mit glühendem Eisen gehörig ansengen zu lassen, wäscht ihn rein, schneidet die Haut vom Ober- und Unterrüssel los, macht von der Stirn einen Einschnitt, weil sonst die Schwarte aufplatzen würde, und läßt ihn eine ganze Nacht in Wasser liegen, damit der durch das Sengen hervorgebrachte Geruch sich verliere. Kann man ihn nicht im Schinkenkessel auf einem Einleger kochen, so tut man wohl, den Kopf in ein reines, altes Tuch zu legen. Die Ohren müssen glatt angelegt und das Tuch zusammengebunden werden, um ihn bequemer heraus-

49

ziehen zu können. Dann legt man denselben in einen Topf, bedeckt ihn mit zwei Teilen Wasser, 1 Teil Essig, gibt Salz dazu, schäumt ihn gut und läßt ihn mit reichlich Zwiebeln, Pfeffer, Nelken, Lorbeerblättern, Salbei, Thymian, Rosmarin 4—5 Stunden langsam kochen, bis er fast weich ist, und in der kochenden Brühe 1 Stunde nachweichen. Diese muß einen recht kräftigen, gewürzigen Geschmack haben. Dann putzt man die Ohren, zieht die Zunge ab und läßt den Kopf kalt werden, legt ihn in ein passendes Geschirr, gießt die kaltgewordene Brühe darauf und bewahrt ihn bis zum Gebrauch. Er hält sich in dieser Brühe wochenlang. Beim Gebrauch schneidet man die schwarze Haut unten am Halse ein wenig weg, verziert die Schüssel mit gehackter Petersilie, buntgeschnittenen Zitronenscheiben, roten Rüben, dem Weißen und Gelben von hartgekochten Eiern und in Streifen geschnittenen Gurken, den Kopf mit Grün, und gibt ihm eine Zitrone oder einen Apfel ins Maul. Er wird mit Soße à la diable oder Remoulade zur Tafel gegeben. Was vom Kopf übrigbleibt, legt man wieder in die Brühe.

Wildschweinragout

750 g Wildschweinfleisch ohne Knochen, 50 g durchwachsener Speck, 1 Zwiebel, 40 g Schmalz, Salz, Pfeffer, 6 Wacholderbeeren, 1 Lorbeerblatt, 1 Dose Pfifferlinge (sortiert), $^1/_4$ l Fleischbrühe, $^1/_4$ l Rotwein, Saft einer halben Orange, Mehl zum Andikken der Soße, 1 Becher saure Sahne, 2 EL Hagebuttenmarmelade, 1 Bund Petersilie

Das Wildschweinfleisch in 3 cm große Würfel schneiden, den Speck fein würfeln, ebenso die Zwiebeln. Speck, Fleisch und Zwiebeln in Schmalz kräftig anbraten. Das Ragout salzen und pfeffern. Die Wacholderbeeren im Mörser zerstoßen, mit dem Lorbeerblatt und den Pilzen (mit der Pilzbrühe) zum Fleisch geben. Aufkochen lassen und danach die Fleischbrühe und den Rotwein angießen. Das Fleisch in 1—1 $^1/_2$ Stunden garen, das Mehl mit etwas Wasser verrühren, den Sud damit andicken. Die Soße mit saurer Sahne, Marmelade und dem Orangensaft abschmecken.

Die Petersilie hacken, das Ragout in eine vorgewärmte Schüssel füllen und mit Petersilie bestreuen. Dazu reicht man Pellkartoffeln und Apfelkompott.

Gefüllte Martinsgans

1 Gans von etwa 4 kg (küchenfertig), 1 kg mürbe Äpfel, 100 g Rosinen, 1 TL getrockneter Majoran oder 2 Zweige frischer Majoran, 1 Tasse Wasser, Salz, Pfeffer, $^1/_2$ l Fleischbrühe, 2 EL Mehl zum Binden der Soße

Die Gans waschen und trocken tupfen. Von innen und außen salzen und pfeffern. Die Äpfel schälen und in feine Scheiben schneiden. Mit den Rosinen und dem Majoran in die Gans stopfen und diese zunähen. Mit 1 Tasse Wasser in die Fettpfanne des Backofens legen. Diesen auf 225° C aufheizen und die Gans 1 Stunde darin vorbraten. Das austretende Fett abschöpfen und in einem Töpfchen erstarren lassen. Fleischbrühe angießen und die Gans gar schmoren. Sollte sie so fett sein, daß sie immer noch Fett abgibt, so wird dieses erneut abgeschöpft. Der Sud wird mit Mehl zu einer sämigen Soße angerührt und mit Salz und Pfeffer nachgewürzt. Die Gans wird zerlegt und die Füllung legt man als Garnitur um die Teile. Dazu ißt man im Sauerland Rosenkohl oder Grünkohl, der nicht als Eintopf, sondern mit dem ausgetretenen Gänsefett als Beilage geschmort wird.

Tip:
Das ausgelassene und erstarrte Gänsefett schmeckt gut als Brotaufstrich.

Zu H. Martin!

Notizen & weitere Rezepte:

Notizen & weitere Rezepte:

fig. 4

Fischgerichte

Sommerfrische Nordenau

Vom Fischen im Sauerland

Das Sauerland wird durchzogen von Bächen, Flüssen und Seen. Viele bekannte aber auch unbekannte Flüsse entspringen hier. In den künstlich angelegten Stauseen findet man Karpfen und Hechte. Trotzdem ist der typische Fisch die Forelle.

Man trifft immer wieder in deutschen Restaurants auf die bekannten Gerichte »Forelle blau« oder »Forelle Müllerinnen Art« (gebraten). Ich sehe absichtlich von diesen Standardrezepten ab und gebe Ihnen nachfolgend ein spezielles Sauerländer Forellen-Rezept:

Sauerländer Bachforelle am Spieß
4 Personen

8 frisch gefangene mittelgroße Forellen (küchenfertig, aber mit Kopf), Zitronensaft, Salz, Pfeffer, Petersilie, Estragon oder frischer Dill, Öl, 8 starke Weidengerten

Die Forellen innen und außen mit Zitronensaft beträufeln und ¹/₂ Stunde ziehen lassen. Danach abtupfen, salzen und pfeffern und mit Kräutern nach Ihrer Wahl (siehe oben) füllen. Die Forellen am Bauch zustecken. Durch das Maul zur Schwanzflosse hin jeweils eine Weidengerte ziehen, so, daß nur am Maul noch ein kleines Stückchen, aber an der Schwanzflosse ca. 50 cm herausschaut. Mit Öl einpinseln.

In der Zwischenzeit wird ein Holzkohlen- oder Kartoffelfeuer im Freien abgebrannt, um das herum die Forellenspieße schräg mit Konzentration zur Mitte hin in die Erde gesteckt werden. Den Spieß 2–3mal drehen, damit die Fische von allen Seiten gleichmäßig gar braten. Dazu reicht man frische Salate (z.B. als Partyessen) oder kerniges Sauerländer Brot.

Tip:
Sollten Sie nicht in die freie Natur ziehen wollen, so bescheiden Sie sich mit Ihrem Gartengrill.

Forellenfilets in Rahmsoße

4 Sauerländer Bachforellen (küchenfertig), $\frac{1}{2}$ l trok-
kener Weißwein, 60 g Butter, 3 große Zwiebeln,
2 Stangen Lauch, $\frac{1}{2}$ Zitrone, 2 Möhren, Salz, Pfef-
fer, $\frac{1}{4}$ l saure Sahne

Die Zwiebeln und die Möhren putzen und in Scheiben schneiden. Den Lauch waschen und in fingerlange Stücke schneiden. Die Butter in einem Topf erhitzen und das Gemüse darin anbraten. Mit dem Wein ablöschen. Die Forellen salzen und pfeffern und in den Sud legen. Die Zitronen in Scheiben schneiden und auf die Forelle legen. Das Ganze 10 Minuten ziehen, aber nicht kochen lassen. Den Backofen auf 220° C vorheizen, die Forelle mit der sauren Sahne übergießen, in den Backofen schieben und 10–15 Minuten überbacken.

Hering zur Bräterzeit

Zur Bräterzeit ißt man auf den Feldern im Sauerland eingelegte Heringe. Daher ist es wichtig, Ihnen das nachstehende Rezept weiterzugeben.

2 kg Salzheringe, 1 l Wasser, 2 l Essig, etwas Zucker,
8–10 Lorbeerblätter, 6 große Zwiebeln, 1 Beutel
Gewürzkörner

Die Heringe werden gesäubert und 24 Stunden lang gewässert. Das Wasser häufig wechseln. Danach die Heringe ausnehmen und abwechselnd mit Lorbeerblättern, Zwiebelscheiben und Gewürzkörnern in eine Heringsschüssel schichten. Den Rogen dazu einlegen, den Milchner durch ein Haarsieb drücken, mit dem Essig-Wasser-Gemisch verrühren und über die Heringe gießen. Diese müssen mindestens 48 Stunden lang ziehen. Die Heringe werden auch zu Erbsensuppe, zu grauen Erbsen, zu Bratkartoffeln oder Pellkartoffeln gereicht.

Krebse

Krebse sind in den Flüssen und Bächen des Sauerlandes eine Seltenheit. Noch vor einigen Jahrzehnten waren sie allerdings ein Bestandteil der Speisekarten in vielen Orten. In den 50er Jahren gingen diese Tiere durch die »Krebspest« ein. Vereinzelt versucht man heute, Flußkrebse auszusetzen, bislang allerdings ohne großen Erfolg. Trotzdem sollte ein typisches Krebsrezept nicht fehlen. Krebse schmecken am besten in den Monaten ohne »r«, also von Mai bis August.

a) gekocht:
2 Lorbeerblätter, 4 Gewürznelken, 2 Zwiebeln, Salz, 1 Sträußchen Dill in 2 l kochendes Salzwasser geben. Die Krebse lebend, mit dem Kopf zuerst, in das stark sprudelnde Wasser werfen und 10–15 Minuten kochen lassen. Wenn sie leuchtend rot sind, herausnehmen und sofort essen. Eßbar ist das Fleisch der Scheren und Schwänze.

b) gebacken:
Früher warf man die Krebse in die Glut des offenen Feuers. Bakken Sie die Krebse heute so: zuerst kochen wie oben angegeben, im Sud auskühlen lassen, dann das Fleisch aus den Scheren und Schwänzen schälen. Durch Ei und Paniermehl wälzen und in heißem Fett ausbacken.

Notizen & weitere Rezepte:

fig. 5

Eintöpfe

Bruchhauser Steine

Steckrübengemüse

1–2 Steckrüben, Salz, 500–750 g gepökelte Schwei-
nerippchen, $\frac{1}{2}$ l Wasser, 750 g Kartoffeln, 2 Zwie-
beln, Salz, Zucker

Die Steckrüben schälen, in Scheiben schneiden, mit Salz bestreuen
und 1 Stunde wässern, damit sie den scharfen Geschmack verlie-
ren. Die Kartoffeln schälen und in Würfel schneiden. Die Rippchen im Wasser vorkochen, bis sie fast gar sind. Danach die Rü-
benscheiben, das Fleisch, die Kartoffel- sowie die Zwiebelwürfel
in einen Topf schichten und garen lassen. Mit Salz und Zucker abschmecken.

Grünkohl-Dörion

Der Grünkohl ist *das* Wintergemüse schlechthin. Früher war es das
einzige frische Gemüse, das noch im Winter im Garten wuchs, und
es war daher fast täglich eine Bereicherung des Speiseplanes.

1500 g Grünkohl, 60 g Schmalz, 2 Zwiebeln, $\frac{1}{4}$ l
Wasser, Salz, Pfeffer, 4 Mettendchen geräuchert,
500 g frische Bratwurst oder 500 g Rippchen vom
Schwein,
dazu: 1 kg Salzkartoffeln, gewürfelt und fertig ge-
kocht

Den Grünkohl gründlich waschen und kurz abkochen. Das Wasser
wegschütten und den Kohl fest ausdrücken. Den Kohl in Streifen
schneiden. Die Zwiebelringe und die Wurst oder die Rippchen in
dem Schmalz goldgelb anbraten, den Grünkohl mit anschmoren
und mit dem Wasser ablöschen. Salzen und pfeffern! Mettendchen
obenauf legen und mitschmoren lassen. Zum Schluß die Kartoffeln
unter das Gemüse heben.

Tip:
Um das Aroma zu erhöhen und den Kohlgeschmack etwas liebli-
cher zu machen, kann man 2–3 Winterbirnen im Gemüse mitkochen.

Sauerländer Erbsensuppe

Im Sauerland bereitet man die Erbsensuppe mit Räucherspeck, Mettwurst und Schweinepfoten zu. Es soll rundum eine deftige und sättigende Mahlzeit sein. Besonders beliebt ist sie bei Wanderern, zu Richtfesten, beim bekannten Briloner Schnadegang (Grenzgang s. S. 114) oder bei den Hubertusjagden.

500 g grüne Erbsen, 250 g Kartoffeln, 200 g Schweinepfoten, 200 g Öhrchen, 100 g Räucherspeck, 100 g Zwiebeln, 4 Stück Mettwürstchen, 1 Bund Suppengrün (Sellerie, Petersilienwurzel, Möhre, Liebstöckel, Porree)

Die Erbsen über Nacht in Wasser einweichen. Das Wasser am nächsten Tag abschütten, die Erbsen nochmals überspülen und mit 3 l Wasser zum Kochen bringen. Den Räucherspeck würfeln und anbraten, Zwiebeln zufügen und ein wenig anbräunen. Gewaschene Schweinepfoten zusammen mit Speck und dem gereinigten, gewürfelten Suppengrün der Suppe zufügen und gut 1 Stunde kochen. Gewürfelte Kartoffeln nun dazugeben und nochmals unter öfterem Umrühren $\frac{1}{2}$ Stunde kochen, die Mettwürstchen zugeben und ca. 10 Minuten ziehen lassen. Mit Pfeffer und Salz würzen.

Sauerländer Rauchfleischtopf

500 g Knochenschinken am Stück, 4 geräucherte Mettendchen, 150 g geräucherter fetter Speck, 250 g Perlgraupen, 1 Stange Porree, $\frac{1}{2}$ Sellerieknolle, 2 Karotten, 2 Zwiebeln, 2 große Kartoffeln, schwarzer Pfeffer, Salz, 1 Prise Majoran, 2 Nelken, 2 Lorbeerblätter, 1 Bund frischer Schnittlauch

Den Knochenschinken eine Nacht wässern. Am anderen Morgen mit einer Zwiebel und einem Lorbeerblatt sowie 2 Nelken in 3 l Wasser etwa 1 $\frac{1}{2}$ Stunden langsam gar sieden lassen. Fleisch und Mettendchen kalt stellen. Den Speck in kleine Würfel schneiden und mit der anderen geschnittenen Zwiebel ausbraten.
Porree, Sellerie, Karotten und Kartoffeln waschen, putzen bzw. schälen und ebenfalls in kleine Würfel schneiden. Mit den Perl-

graupen dem Fond hinzufügen. Das Ganze eine Stunde langsam köcheln lassen. Das erkaltete Fleisch und die Würstchen kleingeschnitten beigeben. Mit Pfeffer, Majoran und wenig Salz abschmecken. Vor dem Servieren den geschnittenen frischen Schnittlauch darüber streuen.
Dazu kann man Sauerländer Bauernbrot essen.

Dicke-Bohnen-Eintopf

600 frische, ausgehülste dicke Bohnen, 1 kg frischer durchwachsener Schweinebauch, 1 Zwiebel, je 1 Zweiglein Petersilie und Bohnenkraut, ½ Flasche Warsteiner Bier, Pfeffer, Salz, 2 EL Schmalz, 1 Becher saure Sahne

Den Schweinebauch mit Salz und Pfeffer einreiben und mit Zwiebelscheiben bedecken. Petersilie und Bohnenkraut grob hacken, über die Zwiebeln streuen und mit dem Bier übergießen. Eine Nacht marinieren. Am anderen Morgen die Bohnen blanchieren (kurz in heißem Wasser abkochen und abgießen) und erkalten lassen. Den Schweinebauch aus der Marinade nehmen, trocken tupfen und in Schmalz anbraten. Die Zwiebeln, die Petersilie und das Bohnenkraut aus der Marinade nehmen, zu dem Schweinebauch geben und etwas Marinade angießen. ½ Stunde schmoren lassen. Danach die Bohnen dazugeben, ebenso wieder etwas Marinade und die Sahne. Kochen lassen, bis die Bohnen gar sind. Die letzten 5 Minuten den Deckel abnehmen, damit die Soße etwas einkochen kann. Fleisch und Gemüse zusammen in eine vorgewärmte Schüssel geben und mit frischer Petersilie überstreuen.

Dazu reicht man Pellkartoffeln mit ausgelassenem Griebenschmalz.

64

Sauerkraut-Eintopf

1 kg Kartoffeln, 500 g Sauerkraut, Salz, Pfeffer,
125 g Speck, 2 rohe Kartoffeln, 2 Zwiebeln

Die Kartoffeln kochen, das Wasser abgießen und die Hälfte der Kartoffeln stampfen. Das Sauerkraut gut durchkochen lassen, 2 rohe Kartoffeln reiben und unter das Sauerkraut ziehen. Aufkochen lassen. Die Kartoffeln unterrühren. Den fetten Speck würfeln und in der Pfanne ausbraten. Die Zwiebeln würfeln und zum Schluß beigeben. Leicht braun zusammen mit dem zerlassenen Fett dem Eintopf zufügen. Mit Salz und Pfeffer abschmecken. Dazu reicht man Schälrippchen oder gebratene in Scheiben geschnittene Blutwurst.

Westfälischer Breiesser

Im 16. Jahrhundert kam einer der berühmtesten Gelehrten seiner Zeit, der Holländer Justus Lipsius, nach Westfalen. Er schrieb in Briefen an einen Freund, er befände sich hier in der Wildnis bei »Skythen und Breiessern«. Maria Kahle spielt in den nachfolgenden Versen humorvoll auf die »Breiesser« an, die Justus Lipsius in Gemeinschaft mit dem Vieh bei der Mahlzeit getroffen haben will.

Kam mal einer aus fremdem Lande,
Breiesser hat er uns genannt,
wußte wohl nichts von den guten Dingen,
die in Westfalen im Rauchfang hingen.
Ging an den Gaben des Landes vorbei,
schrieb seine Worte mit zähem Brei,
Haferbrei, Roggenbrei, einerlei!

Aber den Gast, den wir gern sehn,
wird nicht verdrießlich vom Tisch aufstehn:
Wurst und Sülze und rosigen Schinken
sieht aus gefüllten Schüsseln er winken,
ist wohl auch frische Kröse dabei –
nennst du das Brei? Nun es sei!
Wurstebrei, Götterbrei, einerlei!

Spar dir zum Schlemmermahle ein Eck,
heut' gibt es Große Bohnen mit Speck!
Pumpernickel und Dickmilch schließen
das westfälische Festtagsgenießen.
Dicke Milch, Stippmilch? Ein saurer Brei,
doch der Westfale sagt »Juchhei«!
Zimt und Zucker dran, einerlei!

Will dir im Winter die Hausfrau wohl,
kocht sie Mettwurst mit grünem Kohl,
Bratkartoffeln und Reibpfannkuchen
kannst du abends dann noch versuchen.
Reibeplätzchen? Ja das ist Brei;
nimm etwas Himbeermus dabei,
Apfelbrei, Pflaumenbrei, einerlei!

Aber nun mußt du auch noch entdecken,
wie die Krengel der Waffel schmecken,
dicht mit gläsernem Zucker bestreut,
wie das die Sauerländer freut.
Waffeln? Aus Mehl und Milch ein Brei,
aber goldglänzend von Fett und Ei
Butterbrei, Eierbrei, einerlei!

Und dann kommt zu des Jahres Schluß
Weihnacht mit Spekulatius,
Honig träuft aus den Bienenwaben,
Kinder und Alte im Kuchen zu laben.
Eierkuchen Silvester bringt
und beim Glühwein das Jahr verklingt.
Neues Jahr, schenke uns wieder Brei,
Wurstebrei, Eierbrei, einerlei!

Notizen & weitere Rezepte:

Notizen & weitere Rezepte:

fig. 6   Karto

-, Pfannengerichte, Aufläufe und Klöße

Altena i. W., Blick vom Iserlohner Weg

Sauerländisch Schlaks

1 kg gekochte Kartoffeln, 40 g Butter, 40 g Mehl, ³/₈ l
Brühe, ¹/₈ l Sahne oder Milch, etwas Pfeffer und Salz,
viele Kräuter (Petersilie, Schnittlauch, Kerbel, Lieb-
stöckl, Zitronenmelisse, Borretsch, Dill u.a.)

Die Kartoffeln in Scheiben schneiden. Die Butter in einem Topf
zerlassen und das Mehl darin hellgelb anschwitzen lassen. Mit
Brühe ablöschen und mit Sahne oder Milch verfeinern. Diese Soße
gut durchkochen lassen, dann mit Salz und Pfeffer abschmecken
und mit den gehackten Kräutern anreichern. Damit die Soße frisch
nach Kräutern schmeckt, dürfen diese nicht mehr mitkochen. Die
Kartoffelscheiben vorsichtig unter die Soße heben. Dazu ißt man
weichgekochte Eier.

Sauerländer Potthucke

Dieses deftige Gericht ist ausschließlich im Sauer- und Siegerland
bekannt. Der Name »Potthucke« bedeutet »Topfhocker«.

1 kg rohe Kartoffeln, 250 g gekochte Kartoffeln, ¹/₄ l
Sahne (oder saure Sahne), 4 Eier, Salz, Pfeffer
Zum Backen: 100 g durchwachsener, geräucherter
Speck

Die rohen Kartoffeln schälen, reiben und gut ausdrücken. Die gekochten Kartoffeln zerdrücken, mit dem rohen Teig und den übrigen Zutaten vermengen und würzen. Man zerläßt erst die Speckwürfel in einer Auflaufform und schichtet den Teig darüber. Nun
wird er im Backofen bei 220°C etwa 45 Minuten gebacken.
Man ißt ihn heiß zu Salat und Butterbrot. Reste werden abends in
Scheiben geschnitten und in der Pfanne von beiden Seiten gebraten. Der besseren Verträglichkeit wegen ist es angebracht, einen
»Klaren« und Bier dazu zu trinken.

Michael ist der
größte Topfhocker

Altenaer Klöße

Altena wurde bestimmt nicht durch seine Klöße bekannt. Aber ein Besuch lohnt sich, sehenswert ist die aus dem 12. Jahrhundert stammende Burg Altena, wo die erste Jugendherberge der Welt gegründet wurde.

1 1/2 kg Kartoffeln, 4 Eier, 125 g gekochtes Kaßler-fleisch, etwa 250 g Mehl, Muskatnuß

Die Kartoffeln am Vortag schälen und kochen. Noch heiß durch eine Kartoffelpresse drücken (oder reiben). Am anderen Tag das Kaßlerfleisch fein würfeln und mit den Eiern und dem Mehl in die Kartoffelmasse kneten. Den Teig mit geriebener Muskatnuß abschmecken. Klöße formen. Reichlich Salzwasser zum Kochen bringen, die Klöße einlegen und garziehen lassen. Nicht kochen. Nach etwa 20 Minuten steigen die Klöße hoch und sind dann gar. Man ißt sie zu Fleisch, zu gedünstetem Obst oder auch nur mit einer Soße aus Speck- und Zwiebelwürfeln in Butter braun geschmort.

Kartoffelwurst

2 1/2 kg Rindfleisch, 2 1/2 kg Schweinefleisch, 1 1/2 kg frischer Speck, 2 1/2 kg Pellkartoffeln, 1 1/2 l Milch, Rötesalz, Pfeffer, Salz.

Das Fleisch und die Kartoffeln durch den Fleischwolf drehen (feine Scheibe benutzen). Die Milch abkochen und erkalten lassen; öfters durchrühren, damit sich keine Haut bildet. Alles zu einem Teig mengen, mit etwas Rötesalz, Pfeffer und Salz abschmecken, in einen Seidendarm füllen, räuchern und 8–10 Wochen hängen lassen.
Diese Wurst schmeckt vorzüglich, ist schnittfest und hält sich wochenlang.

Hält sich sehr lange!!

73

Kastenpickert (Kartoffelpuffert)

500 g Mehl, 30 g Hefe, 1 l Milch, gut bemessen, 3 Eier, Salz, 5−6 große geschälte Kartoffeln, 40 g Butter, 1 TL Zucker

Das Mehl in eine Schüssel geben und in die Mitte eine Vertiefung drücken. Die Hefe mit etwas warmer Milch und etwas Zucker verrühren. In die Mitte des Mehls geben. Mit etwas Mehl zu einem Vorteig verrühren und diesen gehen lassen. Inzwischen reibt man die Kartoffeln, läßt das Wasser ablaufen und mischt sie mit dem Teig. Die übrigen Zutaten in den Teig einarbeiten, so daß er schwer reißend vom Löffel fällt. Eine Kastenform fetten, den Teig einfüllen und ihn gehen lassen. Bei mittlerer Hitze im Backofen etwa 60 Minuten backen lassen. Den Pickert stürzen und heiß in Scheiben schneiden. Sofort essen.
Die Reste werden in der Pfanne in Butter aufgebraten. Man bestreicht die Scheiben mit Butter und Rübenkraut, in einzelnen Orten des Sauerlandes auch mit Leberwurst.

Tip:
In den Teig 50 g Rosinen miteinarbeiten.

Seht mir die Leute dick und groß
Nun sagt mir nur wie kommt das bloß?
Sie haben einen dicken Bauch
und Beine auch.
Kommt es vom Bier vom Branntewein?
Von Pickelwurst oh nein, oh nein.
Das Futter das ein jeder kennt,
in Altena man Puffert nennt.
Die Hausfrau früh Kartoffeln schält,
dazu sie dicke Knollen wählt.

Die werden dann gerieben fein,
kommt Ungel (Nierenfett) auch und Salz hinein.
Des Mittags so um Uhre 2, holt sie
die Kasserolle herbei,
und abends steht dann nett und frisch
so'n dicken Puffert op dem Disch.

Pöttkes-Bül
(Beutel im Topf)

125 g Perlgraupen, 250 g Reis, 125 g getrocknete
Pflaumen, 50 g Rosinen, 1 Prise Salz

Alle Zutaten miteinander vermischen und auf eine große Serviette
(oder Geschirrtuch) legen. Das Tuch zu einem Beutel zusammen-
knoten, jedoch so, daß Platz zum Ausquellen des Gerichts bleibt.
Man zieht durch den Knoten einen Holzstab (z.B. Kochlöffel) und
hängt den Beutel damit in einen mit kochendem Wasser gefüllten
Topf. Der Beutel muß 1 $\frac{1}{2}$ Stunden langsam kochen. Auf eine
Schüssel stürzen, mit brauner Butter begießen und mit Zucker bestreuen.

Beilage:
Schinken, gekochtes Rauchfleisch oder auch nur eine Vanillesoße.

So muß der
Beutel im
Topf hängen.

Wittgensteiner Eierkuchen

8 Eier, 100 g Mettwurst geschnitten, 100 g geräucher-
ter Schinken, Salz, etwas Butter

Die Eier in einer Schüssel aufschlagen, mit Salz würzen. Die geschnittene Mettwurst und den Schinken in einer Pfanne leicht anbraten. Die Eimasse hinzufügen. Den gegarten Eierkuchen auf einen flachen Teller geben und ihn in gleiche Teile schneiden.
Dazu kräftiges Bauernbrot oder frischen Salat reichen.

Pflaumenbrötchen

1–2 Zwiebäcke pro Person, etwas Milch, Panier-
mehl, 1 EL Butter, 1/2 Tasse frische Pflaumen, Zucker
und Zimt

Die Zwiebäcke kurz in Milch einweichen, in Paniermehl wenden
und in der Butter von beiden Seiten goldbraun braten. Die Schnit-
ten aus dem Fett nehmen und warm stellen. Die Pflaumen waschen, entsteinen und fein hacken. So lange in der Butter braten,
bis sie gar sind. Auf die Zwiebäcke geben und mit Zimt und Zucker
bestreuen.

Blaubeerpfannkuchen

1/2 l Milch, 250 g Mehl, 2 Eier, Salz, Öl, Blaubeeren
nach Belieben, feiner Streu- und Puderzucker

Aus Milch, Mehl, Eiern, Salz einen Pfannkuchenteig rühren und
diesen 1/2 Stunde quellen lassen. Inzwischen die Blaubeeren verlesen, waschen und abtropfen lassen. In eine Pfanne etwas Öl geben,
erhitzen, eine Kelle Teig einlaufen lassen und diesen von beiden
Seiten goldgelb braten. Jeden Pfannkuchen auf einen Teller glei-
ten lassen, mit Blaubeeren nach Belieben belegen und zusammen-
klappen. Mit Streu- oder Puderzucker bestreuen.
Tip:
Sie können die gewaschenen Blaubeeren auch mit etwas Zucker zu
Kompott kochen und diesen dann löffelweise auf die Pfannkuchen
geben.

fig · 7

Gemüse und Salate

Burg Schnellenberg bei Attendorn

Wildgemüse

Winterberg im Sauerland ist nicht nur der höchst gelegene Ort Westdeutschlands, er wird auch scherzhafterweise als das St. Moritz Deutschlands bezeichnet. Winterberg lebt in erster Linie vom Fremdenverkehr. In einer kleinen netten Pension, »Haus Astenblick«, entdeckten wir das folgende Rezept:

1000 g Wildgemüse zusammengesetzt aus:
500 g Brennesseln, 250 g Löwenzahn, 100 g Gänse-
fingerkraut, 100 g Wiesenknöterichblätter, 50 g
Kriechender Hahnenfuß
2 l Salzwasser, 40 g Butter, 40 g Mehl, $^1/_4$ l Fleisch-
brühe, $^1/_4$ l Milch, Salz, Pfeffer, Muskat, evtl. 1 Eigelb

Das Wildgemüse verlesen, waschen und in dem Salzwasser fast weichkochen (ca. 15 Minuten). Das Wasser abgießen, das Gemüse durch den Fleischwolf drehen. Das Mehl in der Butter anschwitzen, mit der Brühe ablöschen und mit der Milch auffüllen. Mit den Gewürzen abschmecken und evtl. mit einem Eigelb verquirlen.

Tip:
Für die Zubereitung ist wichtig zu beachten, daß dieses Wildgemüse nur im Frühjahr zu sammeln ist, wenn die Triebe jung und zart sind.

Löwenzahnsalat

Man sticht die Pflänzchen des Löwenzahns in den Wiesen, wenn das Herz noch gelblich-weiß ist. Hat die Pflanze schon Blüten angesetzt oder harte, grüne Blätter, so ist sie nicht mehr verwendbar, da sie zu bitter schmeckt.

500 g junger Löwenzahn
Soße: 3 EL Öl, 2 EL Essig, 1 kleine Zwiebel, Salz,
Pfeffer, 4 EL Sahne, $^1/_2$ TL Senf

Den Salat waschen und in Streifen schneiden. Die Soße mit den angegebenen Zutaten herstellen und kurz vor dem Servieren unter den Salat heben.

Tip:
Dieser Salat kann praktisch mit jeder Art von Wildgemüse zubereitet werden. Wichtig ist nur, daß die Gemüse jung und zart sind.

Lauchgemüse

4–6 große Stangen Lauch, 40 g Butter, 2 kleine Tomaten, Wasser, 1 gehäufter EL Mehl, $^1/_2$ Tasse Milch, Zitronensaft, Salz, Zucker

Die Lauchstangen putzen, gründlich waschen und in fingerlange Stücke schneiden. Die Butter zerlassen, das Gemüse darin anbraten und das Wasser zugießen. In knapp 10 Minuten gar kochen. Das Mehl mit der Milch verquirlen und unter das Gemüse rühren, so daß die Soße abbindet. Mit Zitronensaft, Salz, Zucker süßsäuerlich abschmecken.
Mit Bratwurst und Salzkartoffeln servieren.

Zwiebeln mit Zwetschgen

8 Zwiebeln, 8 Zwiebäcke, etwas Milch, 60 g Butter oder Margarine, 250 g getrocknete Zwetschgen (Backpflaumen), 2 Eier, Zucker

Die Zwetschgen am Abend vorher in eine Schüssel geben, gut mit Wasser bedecken und eine Nacht ausquellen lassen. Am anderen Mittag die Zwiebäcke kurz in Milch wenden und in der Pfanne von beiden Seiten braun braten. Die Zwiebeln schälen, in Scheiben schneiden und ebenfalls braun rösten. Das gequollene Backobst mit dem Einweichwasser garkochen. Das Pflaumenkompott mit Zucker abschmecken. Die gerösteten Zwiebeln auf die warmen Zwiebäcke verteilen und mit dem Pflaumenkompott zu Tisch geben.

Für Onkel Albert:

81

Stielmus

1 kg Rübenstiele, 2 l Salzwasser, 50 g Butter, 30 g Mehl, $^1/_4$ l Milch, Salz, Pfeffer, Muskat

Die Blätter entfernen und die Stiele in Streichholzlänge schneiden und in mildem Salzwasser garen. Gut abtropfen lassen. Aus Butter und Mehl eine helle Mehlschwitze bereiten und mit dem $^1/_4$ l Milch ablöschen. Unter Umrühren 15 Minuten kochen lassen; mit Pfeffer, Salz und Muskat würzen. Rübstiele nun in die Soße geben und ca. 10 Minuten durchziehen lassen.

Apfelrotkraut »Anneliese«

1–1 $^1/_2$ kg Rotkraut (Rotkohl), 60 g durchwachsener Speck, 1 Zwiebel, 2–3 EL Öl, $^1/_8$ l Rotwein, 2 saure Äpfel (Boscop), Salz, Pfeffer, Zimt, Zucker, gemahlener Lorbeer, gemahlene Nelken

Den Rotkohl putzen und fein hobeln. Den Speck und die Zwiebeln würfeln und in Öl anrösten. Rotwein und das Rotkraut zugeben und 10 Minuten dünsten lassen.
Die Äpfel schälen, in Scheiben schneiden und ebenfalls zugeben. Nochmals ca. 10 Minuten dünsten lassen. Mit Salz, Pfeffer, Lorbeer, Nelkenpulver, etwas Zucker und 1 Prise Zimt abschmecken. Dazu reicht man Pellkartoffeln und zubereitetes Wild jeder Art.

Tip:
Natürlich können Sie das Rotkraut auch frisch zubereiten.

Steckrübensalat

1 frische gelbe Steckrübe (500 g), 1 Becher saure Sahne, 1 Zwiebel, einige Tropfen Essig oder Zitrone, Salz, Pfeffer, 1 Prise Zucker

Die Steckrübe schälen und in kleine, fingerdicke Streifen schneiden. In Salzwasser geben und fast weich kochen. Das Wasser danach abschütten und die Rübenstreifen erkalten lassen.

Inzwischen aus der sauren Sahne, der geschälten und gewürfelten Zwiebel eine Salatsoße zubereiten. Einige Tropfen Essig oder Zitrone zugeben. Die Soße mit Salz, Pfeffer und der Prise Zucker abschmecken. Die Rübenstreifen in die Soße geben und gut durchziehen lassen.

Zum Steckrübensalat reicht man Salzkartoffeln, Hausmacher Blutwurst, in dicke Scheiben geschnitten und gebraten.

Stipp-Salat

2–3 Bund frischer Schnittlauch, 1 Becher süße Sahne, 1 Becher Joghurt, Saft 1 Zitrone, Salz, Pfeffer, 1 Prise Zucker

Den Schnittlauch waschen und in etwa 1 cm große Stückchen schneiden. Aus den übrigen Zutaten eine Salatsoße zubereiten, den klein geschnittenen Schnittlauch dazugeben und durchheben.

Zum Stipp-Salat reicht man Pellkartoffeln, frische Bratwurst oder auch Bratkartoffeln mit Spiegelei.

Notizen & weitere Rezepte :

Notizen & weitere Rezepte:

Dessert

Sauerländer Festspeise

*¹/₄ l Sahne, 150 g Preiselbeeren, 75 g Pumpernickel,
50 g geriebene Haselnüsse, 2 cl Himbeergeist, 1 EL
Zucker, 1 Päckchen Vanillezucker*

Die Sahne mit dem Zucker und dem Vanillezucker süßen und steif
schlagen. Den Pumpernickel zerbröckeln. Lagenweise in Portions-
schüsselchen füllen: geschlagene Sahne, Preiselbeeren, Pumpernickel und die mit dem Himbeergeist angefeuchteten Haselnüsse.
Mit der restlichen, geschlagenen Sahne abdecken und verzieren.

Tip:
Statt der Sahne kann man auch Quark nehmen. Diesen verrührt
man mit Zucker, Vanillezucker und Milch zu einer glatten Creme.

Schwarzbrotpudding
6 Personen

*6 Eier, 65 g Zucker, 90 g getrocknetes, geriebenes
Schwarzbrot, ¹/₂ Glas süßer Weißwein, die abgerie-
bene Schale einer halben Zitrone, ¹/₂ TL gemahlene
Nelken*

Die Eier trennen, die Eigelb mit dem Zucker cremig rühren. Das
Schwarzbrot mit dem Wein anfeuchten und mit den Gewürzen in
die Creme geben. Danach den steifen Eischnee unterheben. Eine
Puddingform mit Deckel einfetten, mit Paniermehl ausstreuen.
Die Schaummasse einfüllen, die Form verschließen und im Was-
serbad 2 Stunden kochen lassen.

Tip:
Da das Brot leicht zu Boden sinkt, ist es unbedingt erforderlich, die
Form ins *kochende* Wasser zu setzen, damit der Eischnee schnell
stocken kann und das Sinken verhindert.

Schmeckt immer -
ganz bestimmt.

Gekochter Nußpudding

125 g Butter, 100 g Zucker, 1 Päckchen Vanillezuk-
ker, 4 Eier, 200 g grob gehackte Walnußkerne, 150 g
Zwiebackmehl, die abgeriebene Schale einer Zitrone,
1 Prise Salz, 1 Msp. Kardamom, $^1/_8$ l süße Sahne

Die Butter schaumig rühren. Die Eier trennen. Die Eidotter und den Zucker zur Butter geben und weißcremig rühren. Die grob gehackten Walnüsse und das Zwiebackmehl unterheben, ebenso die geriebene Zitronenschale, das Salz und den Kardamom. Die Sahne darüberfließen lassen. Die Eiweiß steif schlagen und mit der Sahne locker unter die Masse heben. Eine mittelgroße Puddingform (mit Deckel) buttern und mit Zwiebackmehl ausstreuen. Die Masse $^3/_4$ hoch in die Form füllen. Den Deckel schließen. Im Wasserbad 60–75 Minuten kochen lassen. Herausnehmen, 5 Minuten ruhen lassen, die Form öffnen und auf eine Platte stürzen. Den Pudding warm mit Vanillesoße oder Himbeersirup essen.

Tip:
Wenn Sie einen Schnellkochtopf haben, garen Sie den Pudding in 30 Minuten.

Holdermus

500 g Holunderbeeren, 1 große Tasse frische
Zwetschgen, 125 g Zucker, 1 Stange Zimt, $^1/_4$ l Was-
ser, 1 EL Speisestärke, 3 EL Wasser zusätzlich

Die Beeren waschen und abzupfen. Mit den gesäuberten, entsteinten und kleingeschnittenen Zwetschgen in einen großen Topf geben. Zucker, Zimt und Wasser zusetzen und 10 Minuten kochen lassen. Die Zimtstange entfernen. Die Stärke mit dem restlichen Wasser anrühren und das Mus damit andicken. Gut gekühlt servieren.

Tip:
Schmeckt besonders gut mit einer Vanillesoße.

Knusprige Waffeln mit Himbeeren und Sahne

Auf der Hohenleye, an einer der schönsten Stellen des Hochsauerlandes, liegt das Kurhotel »Hochsauerland«. Während eines gemütlichen Plausches konnte ich vom Chefkoch Ernst Jüngst einige Sauerländer Rezepte erfahren, die es verdienen, weitergegeben zu werden. Ebenso lohnt es sich, einmal das Kurhotel »Hochsauerland« zu besuchen, dort, wo tatsächlich das Essen und Trinken noch »groß geschrieben« wird.

200 g Butter, 165 g Zucker, 4 Eier, 350 g Mehl,
1 Päckchen Vanillezucker, $\frac{1}{2}$ Päckchen Backpulver,
$\frac{1}{8}$ l Wasser, 500 g gefrorene oder frische Himbeeren,
100 g Zucker

Butter, Zucker und die ganzen Eier sahnig rühren. Nach und nach die anderen Zutaten hinzugeben. Der Teig muß dickflüssig und gut verarbeitet sein. Am besten, man backt die Waffeln im Waffeleisen und bedeckt sie kurz mit Zucker und den erhitzten Himbeeren. Evtl. noch mit Sahne garnieren.

Hefewaffeln mit Zimt und Zucker

150 g Butter, 75 g Zucker, 4 Eier, 1 Prise Salz, die
geriebene Schale einer Zitrone, 375 g Mehl, 25 g
Hefe, $\frac{1}{8}$ l saure Sahne

Die Hefe mit ca. 2 EL lauwarmem Wasser, 1 EL Mehl und etwas Zucker zu einem Brei anrühren und aufgehen lassen. Die anderen Zutaten, wie zuvor beschrieben, verarbeiten und zum Schluß die gegangene Hefe hineingeben. Den Teig nochmals verarbeiten und wieder gehen lassen. Backen und heiß mit Zucker und Zimt bestreut servieren. Als Beilage kann Apfelmus gereicht werden.

Das habe ich von
Ernst Jüngst

90

Schmoräpfel mit Vanillesoße

Wird besonders gerne an kalten Winterabenden gegessen.

1–2 saure Äpfel (Boscop) pro Person
a) 50 g Zucker, 1 Messerspitze Zimt, Rosinen, ge-
hackte Mandeln, einige Butterflöckchen
b) eine rote Marmelade

Die Äpfel werden nicht geschält, sondern mit dem Apfelstecher nur in der Mitte ausgebohrt.
Sie werden gefüllt mit:
a) einer Mischung aus Zucker, Zimt, Rosinen und Mandeln. Butterflöckchen obenaufsetzen.
Oder
b) mit einer guten roten Marmelade (z.B. Johannisbeergelee)
Eine feuerfeste Form ausbuttern, die Äpfel hineinsetzen und füllen. 20 Minuten bei 220° C backen. Heiß mit einer kalten Vanillesoße servieren.

Vanillesoße

Knapp $^1/_2$ l Milch, 1 Päckchen Vanille-Soßenpulver,
40 g Zucker

Von der Milch einige Eßlöffel abnehmen und mit dem Soßenpulver verrühren. Die übrige Milch mit dem Zucker erhitzen, von der Kochstelle nehmen und das angerührte Pulver hineingeben. Aufkochen lassen. Damit sich keine Haut bildet, rührt man die Soße öfters durch, bis sie erkaltet ist.

Ausgebackene Birnen

Ausgebackene Birnen sind mit Preiselbeeren eine ideale Beilage zu Wildgerichten oder mit einer Vanillesoße ein leckerer Nachtisch.

2 kleine feste Birnen pro Person, 1 Flasche leichter
Weißwein, 1 Stange Zimt
Teig: 125 g Mehl, $^1/_8$ l Warsteiner Bier, 1 Eigelb, 80 g
Zucker, 1 Prise Salz, 1 Prise Muskat, 1 TL Öl, 1 Ei-
weiß, Ausbackfett

Die Birnen nicht halbieren, sondern als ganze Frucht schälen. Dabei darauf achten, daß der Stiel nicht abgeschnitten wird. In Weißwein und Zimt dreiviertel weich kochen und herausnehmen. Mehl, Bier, Eigelb, Zucker, Salz und Muskat zu einem halbflüssigen Teig verrühren. Das Öl hineingeben. Das Eiweiß zu einem steifen Schaum schlagen und vorsichtig unterheben. Jede Birne durch den Teig ziehen und in heißem Ausbackfett goldbraun braten. Im Backofen warm halten.

Preiselbeerkompott

1 kg Preiselbeeren, 750 g Zucker, Wasser

Den Boden eines gründlich gereinigten Topfes nur dünn mit Wasser bedecken. Die Preiselbeeren verlesen und waschen. In den Topf geben und mit dem Zucker bestreuen. Bei mäßiger Hitze erwärmen. Hin und wieder durchrühren, bis der Zucker gelöst ist. Die Preiselbeeren einmal gut durchkochen lassen, in vorbereitete Gläser füllen und mit Einmachhaut verschließen. Die Preiselbeeren behalten so das volle Aroma.
Sie schmecken köstlich zu Wild oder Rindfleisch. Man kann sie aber auch zu vielerlei Nachspeisen verwenden.

Blinde Fische

2–4 Zwiebäcke pro Person, etwas Milch, 1 Ei zum Panieren, Paniermehl, Öl, etwas Himbeersaft

Die Milch auf einen flachen Teller geben und die Zwiebäcke kurz darin einweichen. Das Ei aufschlagen, die Zwiebäcke in die Masse legen und anschließend in Paniermehl wälzen. Die Zwiebäcke in einer Pfanne von beiden Seiten goldgelb backen und warm, mit Himbeersaft übergossen, servieren.

Notizen & weitere Rezepte:

Notizen & weitere Rezepte:

fig · 9

Brot und Gebäck

Lennetal bei Plettenberg

Das Brotbacken im Sauerland

In früheren Zeiten deckten die Menschen im Sauerland ihren Bedarf an Brot selbst. Meistens backte man ein Roggenbrot, das mit Sauerteig angesetzt war. Zu besonderen Festtagen wurden auch Stuten (Weißbrot) gebacken. Übrigens wurde nur alle 14 Tage oder 3 Wochen gebacken, da der Backprozeß viel Arbeitsaufwand und Zeit benötigte. Im Schnitt wurden 16 bis 20 Brote in den Ofen geschoben. Dies geschah in den sogenannten »Backes«, also kleinen Backhäusern, die meist mitten im Ort aufgebaut wurden. Zum großen Teil gibt es diese Häuser heute nicht mehr. Im Wittgensteiner Land, und zwar im Ort Banfe, hat man sich wieder dieser alten Tradition besonnen und ein »Backes« aufgebaut. Der Teig wird am Abend vor dem eigentlichen Backtag mit Sauerteig angesetzt. Über Nacht »geht« und »fällt« der Teig. Am anderen Morgen in der Frühe wird das »Backes« angeheizt. Man verwendet in den verschiedenen Teilen des Landes unterschiedliche Holzarten dazu. Der Duft des Holzes beeinflußt den Geschmack des Brotes. Während das »Backes« die nötige Temperatur erreicht, wird der Teig geknetet und zu Laiben geformt. Verschiedentlich backte man früher rundes Brot, in das mit dem Messer ein Kreuz eingekerbt wurde. Um Platz im »Backes« zu sparen, formte man meistens jedoch länglich »angeschobene« Brote.

Nach ca. 2 Stunden ist das Backhaus – der Ofen – auf die nötige Backtemperatur gebracht worden. Es wird mit Reisigbesen sauber gefegt und die Brote werden eingeschoben. Die Backzeit beträgt etwa 3 Stunden.

Heute geht es damit bequemer und kürzer. Überall gibt es Familien, in denen man das Brot wieder selbst backt. Auch die Verlage haben sich diesem Trend angeschlossen. Im Verlag Hölker zum Beispiel erschien ein »Brotbackbuch«, das auch den Laien zum Backen anregt. Sicher ist es eine kleine Sensation, wenn Sie der Familie oder den Freunden ein selbstgebackenes Brot vorsetzen können.

Buttermilchstuten

*500 g Mehl, 40 g Hefe, $\frac{1}{4}$ l Milch, lauwarm, $\frac{1}{2}$ TL
Salz, 60 g Schmalz und Margarine, 40 g Zucker*

Die Hefe zerbröckeln, mit Zucker überstreuen und mit etwas lauwarmer Milch (3 EL) glattrühren. Die Hälfte des Mehls in eine tiefe Schüssel geben, in die Mitte eine Vertiefung drücken und die Hefe hineingeben, etwas Mehl überstreuen und zugedeckt warmstellen.
In der Zwischenzeit die Milch mit dem Salz, mit Zucker und Fett lauwarm werden lassen. Nach ca. 15 Minuten die lauwarme Flüssigkeit zu dem Mehl in die Schüssel rühren, bis sich alles gut vermischt. Wenn der Teig glatt ist, nach und nach den Rest des Mehls dazugeben und mit dem Kochlöffel oder dem Knethaken so lange schlagen, bis der Teig fest ist. Nun den Teig auf einem Brett mit den Händen sehr gut durchkneten, bis er sich leicht vom Brett löst. Dann in eine Schüssel geben und zugedeckt etwa 25 Minuten lang gehen lassen. Nach Möglichkeit an einem warmen Ort aufbewahren. Wenn sich die Teigmenge verdoppelt hat, nochmals kurz durchkneten, formen und wieder 15 Minuten lang zugedeckt gehen lassen. Nun in den vorgeheizten Backofen schieben.

Weißbrot »Bauernstuten«

*1 kg Mehl, $\frac{1}{2}$ l Milch (lauwarm), 40 g Hefe, $\frac{1}{2}$ EL
Zucker, $\frac{1}{2}$ EL Salz, 50 g Schmalz*

Der Teig wird nach dem Grundrezept zubereitet und in einer ausgefetteten Brotform oder auf der Platte etwa eine Stunde bei 200°C gebacken.

Grundrezept – Hefeteig

*500 g Weizenmehl, 500 g Roggenmehl, $\frac{1}{4}$ l Buttermilch, 250 g Magerquark, 40 g Hefe, $\frac{1}{2}$ EL Zucker,
$\frac{1}{2}$ EL Salz, 60 g Schmalz*

Den Hefeteig nach dem Grundrezept zubereiten. Buttermilch, Quark, Zucker, Salz und Schmalz zusammen lauwarm untermengen.

99

Bauernbrot mit Eierkäse

Das Brot nach dem Grundrezept zubereiten.

8 Eier, $\frac{1}{2}$ l Buttermilch, 1 l Vollmilch, Salz

Die Eier mit der Butter- und der Vollmilch verquirlen. Etwas Salz hinzufügen. Die Mischung im Wasserbad dicklich schlagen. Den Topf vom Feuer nehmen und den Käse stocken lassen. Anschließend in die Käseform (Keramiksieb) geben und einige Tage abtropfen lassen.
Aufgestrichen schmeckt der Eierkäse hervorragend auf kernigem Bauernbrot.

Eiserkuchen

Am letzten Tag des Jahres werden in fast allen Familien des Sauerlandes »Eiserkuchen« gebacken. Daran beteiligte sich früher die ganze Familie. Man benutzte gußeiserne Backzangen dazu, die man in das offene Herdfeuer hielt. Die Hörnchen wurden am Neujahrstag dem Besuch angeboten, daher werden sie auch »Neujahrskuchen« genannt.

65 g Butter, 250 g Zucker, 1 Päckchen Vanillezuk-
ker, 2 Eier, 250 g Mehl, $\frac{3}{8}$ l Wasser

Die Butter schaumig rühren und nach und nach Zucker und Eier hinein rühren. Das gesiebte Mehl abwechselnd mit dem Wasser unterrühren. Der Teig muß ziemlich dünn sein. Eiserkucheneisen erhitzen und mit einer Speckschwarte fetten. Einen großen Löffel voll Teig auf das Eisen geben, zuklappen und goldbraun backen. Das hauchdünne Gebäck schnell vom Eisen lösen und zu Tüten oder Röllchen wickeln. In Blechdosen halten sich diese Eiserkuchen über Wochen hinweg knusprig frisch.

Extra für den Neujahrsmorgen.

100

Kartoffelbrot

*750 g Kartoffelmehl, 40 g Hefe, 6 dicke Kartoffeln,
knapp ⅛ l Milch, 4–5 Eier, 1 EL Salz, 50 g Schmalz*

Das Mehl in eine Schüssel geben und eine Vertiefung hineindrükken. Die Hefe mit etwas warmer Milch verrühren, in die Vertiefung geben und mit etwas Mehl zu einem kleinen Teig anrühren. Gehen lassen. Inzwischen die Kartoffeln schälen, reiben und das Kartoffelwasser ablaufen lassen. Die Kartoffeln und alle übrigen Zutaten mit dem Mehl und dem Vorteig zu einem glatten Teig verarbeiten. Eine Kastenform fetten, den Teig hineingeben, gehen lassen und bei 200° C etwa 1 Stunde backen lassen.
Das Kartoffelbrot wird kalt aufgeschnitten wie Bauernstuten. Meist wird es nachmittags zu einer Tasse Kaffee mit Butter und Rübenkraut gegessen.

Preiselbeerkuchen

*125 g Butter, 125 g Zucker, 2 Eier, 300 g Mehl, 2–3
Tassen Preiselbeerkompott (s. S. 92), 1 Eigelb*

Die Butter mit dem Zucker schaumig rühren. Danach die Eier einrühren. Das Mehl darunter kneten, so daß ein fester Mürbteig entsteht. Den Teig 1 Stunde in den Kühlschrank stellen. Eine Springform buttern und ausmehlen. Die Hälfte des Teiges ausrollen und den Boden der Springform damit auslegen. Knapp die Hälfte des Restes als Springformrand an den Boden andrücken. Das Preiselbeerkompott auf den Boden streichen. Den restlichen Teig ausrollen und mit einem Kuchenrädchen zu fingerbreiten Streifen ausrädeln. Diese Streifen gitterförmig über dem Belag anordnen, mit Eigelb bestreichen und im vorgeheizten Backofen bei 175° C–180° C etwa 30 Minuten backen lassen.
Köstlich dazu schmeckt steifgeschlagene und gekühlte Sahne.

Tip:
Der Kuchen schmeckt am darauffolgenden Tag noch besser.

101

Notizen & weitere Rezepte:

Notizen & weitere Rezepte :

fig · 10

Getränke

Stammhaus Cramer in Warstein

Vom Bierbrauen im Sauerland

Was dem Rheinländer sein Wein, das ist dem Sauerländer sein frisch gezapftes Bier. Die allgemeine Biergeschichte kann auf eine 6000 jährige Tradition zurückblicken. Bereits in der 2. Sumerischen Frühdynastie braute man ein bierähnliches Getränk. Natürlich gab es damals in unseren Regionen noch kein mit dem heutigen Bier vergleichbares Getränk. Während die Mönche des Mittelalters das Bier mit nach Europa brachten, wurde auch im Sauerland der Grundstein zur hohen Kultur des Bierbrauens gelegt. Das eigene Bierbrauen gehörte zu den hauswirtschaftlichen Aufgaben der Frauen. Aus diesen Aufgaben entstanden auch im Sauerland Privatbrauereien, von denen heute die Warsteiner Brauerei auf eine 300 jährige Tradition zurückblickt. Heute ist das Sauerländer Bier in aller Welt bekannt und beliebt. Der unvergleichbar würzige Geschmack ist nicht zuletzt auf das hervorragende Quellwasser zurückzuführen, das es im Sauerland gibt. Was wäre aber das Sauerländer Bier, ohne die Hauptbestandteile Gersten, Hopfen und Malz. Vor den Hopfenernten in den deutschen Anbaugebieten suchen die Braumeister aus dem Sauerland nur die besten Pflanzen aus. Sicher führt es zu weit, Ihnen hier den ganzen Braugang zu erläutern. Mehr darüber können Sie in meinem Buch »Rund ums Bier« aus dem Verlag Hölker erfahren. Ich möchte mich auf ein kleines Bier-ABC beschränken, das Ihnen Begriffe verdeutlicht, mit denen Sie öfters konfrontiert werden . . . Dieses kleine ABC soll Ihnen des Sauerländers täglichen Trank etwas näher bringen.

Alt

ein obergäriges Vollbier aus Gerstenmalz mit dunkler Farbe und betontem Hopfencharakter.

Ausstoß

nennt man die Bierherstellung. Man spricht auch von einem jährlichen Bierausstoß.

Augustinus
Prediger der abendländischen Kirche (354–430); wurde von den bierbrauenden Mönchen zu ihrem obersten Patron und zum Beschützer der Braukunst erhoben.

Bierdeckel
werden von vielen Brauereien als Untersetzer für Biergläser herausgegeben. In der Bundesrepublik werden jährlich etwa 2 Milliarden Bierdeckel verbraucht.

Bierflecken
müssen nicht zu Panik führen. Sie können mit etwas warmem Wasser ausgewaschen werden und hinterlassen keine Ränder.

Bierkäse
heißt eine in Bier eingelegte Käsesorte.

Biersuppe
siehe S. 14/15.

Blume
wird auch als Schaumkrone bezeichnet. Sie sollte fein und sahnig sein. Je frischer das Bier, desto schöner die Blume.

Bockbiere
sind vor allem untergärige Starkbiere. Sie bekommt man im Frühjahr und in der Weihnachtszeit. Sie haben eine Stammwürze von über 16%.

Exportbier
untergäriges Vollbier, aus Gerstenmalz hergestellt.

Gambrinus
Sagenhafter Bierkönig und oberster Ritter vom Bier.

Hopfen
ist wirklich die »Seele« des Bieres. Er verleiht dem Bier sein würzig-herbes Aroma. Jeweils vor den Ernten werden in den Anbaugebieten in Süddeutschland, Bayern und der Rheinpfalz die besten Pflanzen für das Sauerländer Bier ausgesucht.

Lagerbier

ist ein helles oder dunkles untergäriges Vollbier aus Gerstenmalz.

Mälzen

Die Malzzubereitung dient dazu, die bei der Keimung entstehenden natürlichen Enzyme zu aktivieren.

Obergärige Biere

werden durch obergärige Hefekulturen bei erhöhten Temperaturen von 20 Grad gegoren. Die Hefe setzt sich in den Braukesseln an der Oberfläche ab und wird dort abgeschöpft.

Pilsener

Der Begriff Pilsener Bier kommt aus Pilsen in der Tschechoslowakei. Ein Pils ist ein Vollbier mit einem Stammwürzgehalt von 11%–14%. Innerhalb der Biere, die nach der überlieferten Pilsener Brauweise hergesellt werden, kommt dem Warsteiner Pils eine besondere Bedeutung zu.

Stammwürzgehalt

ist gleich dem Extrakt der Bierwürze. Er wird in Prozenten gemessen und ist nicht mit dem Alkoholgehalt zu verwechseln. Wollen Sie wissen, wieviel Alkohol Ihr Bier hat, so sollten Sie den Stammwürzgehalt durch 3 teilen.

Tulpe

Typische Form eines Glases für Biere vom Pilsener Typ. Besonders schöne Gläser kann man bei der Warsteiner Brauerei beziehen.

Untergäriges Bier

Statt obergäriger Hefe wird bei niedrigen Temperaturen untergärige Hefe zugesetzt. Die Gärung dauert bei Temperaturen von 4–9 Grad etwa 8 Tage. Die Hefe setzt sich auf dem Kesselboden ab.

Neben dem Bier trinkt der Sauerländer einen würzigen Korn, der in vielen Brennereien im Sauerland gebrannt wird. Der Korn wird oft aus einem kleinen Holzfaß ausgeschenkt, in dem er gereift ist.

Bierbowle I

1 Zitrone, 1 Scheibe Sauerländer Graubrot, 1 Prise Muskatnuß, 1 Zweig Borretsch, 1 Zweig Pimpinelle, 1 Apfel, brauner Rohrzucker je nach Geschmack, $^1/_2$ l Weinbrand, 2 l Warsteiner Bier

Die Zitrone hauchdünn schälen, die Brotscheibe leicht rösten. Muskatnuß darüberstreuen und den Weinbrand aufträufeln. Borretsch und Pimpinelle zusammen mit den in Scheiben geschnittenen Äpfeln dazulegen. Mit dem Bier übergießen, nach Geschmack würzen und eine Stunde kalt stellen. Filtrieren und kühl trinken.

Bierbowle II

$^1/_2$ l Warsteiner Bier, $^1/_2$ l Weißwein (trocken), 500 g Früchte der Jahreszeit, 1 EL Zucker

Die Früchte putzen, klein schneiden und mit Zucker überstreuen. Mit Bier und Wein auffüllen. Kühl trinken.

109

Bier-Joghurt-Mix

1 Becher Joghurt, $^1/_2$ Flasche Warsteiner Bier, Zitronensaft, Zucker, Zitronenscheiben, Preisel- oder Johannisbeeren

Joghurt mit Bier, Zitronensaft und Zucker verrühren, kalt stellen, in Gläser füllen, auf jedes Glas eine Zitronenscheibe mit Preiselbeeren oder Johannisbeeren setzen.

Himbeer- oder Brombeer-Aufgesetzter

Im Hochsauerland findet man an Wegen und in den Wäldern oft dichte Himbeer- oder Brombeerhecken. Jedes Jahr fahren viele Sauerländer aus den Städten und Dörfern, bepackt mit Eimern und Körben an diese Stellen, um die köstlichen Früchte der Natur zu ernten. Zu Hause verarbeitet man die Früchte zu Marmeladen, Säften, früher auch zu Wein, und zu »geistreichen Getränken«. Diese Getränke wurden nicht flaschenweise, sondern korbflaschenweise aufgezogen. Wir haben hier für Sie ein ganz spezielles Rezept ausgesucht.

Himbeeren oder Brombeeren, Kandiszucker, 3 Vanillestangen, Klarer Schnaps (Korn 32%)

Die Korbflasche $^1/_4$ mit den Früchten füllen. 1 dicke Schicht Kandiszucker darüber streuen. Die Vanillestangen zugeben. Mit dem Schnaps auffüllen. Die Korbflasche 6 Wochen lang an einen warmen und sonnigen Platz stellen. Hin und wieder die Korbflasche bewegen. Nach 6 Wochen ist der Likör durchgezogen und man kann ihn dann trinken. Da es nicht sehr einfach ist, den Likör aus der Korbflasche in Gläser zu füllen, zieht man ihn vor dem Servieren auf normale 0,7- oder 1-Liter-Flaschen.

Tip:
Vornehmer ist es, das Getränk in einer Karaffe zu servieren.

Notizen & weitere Rezepte:

Wo Isen liggt un Eeken waßt
dao wuehnt áuk Luie,
de dobui paßt.

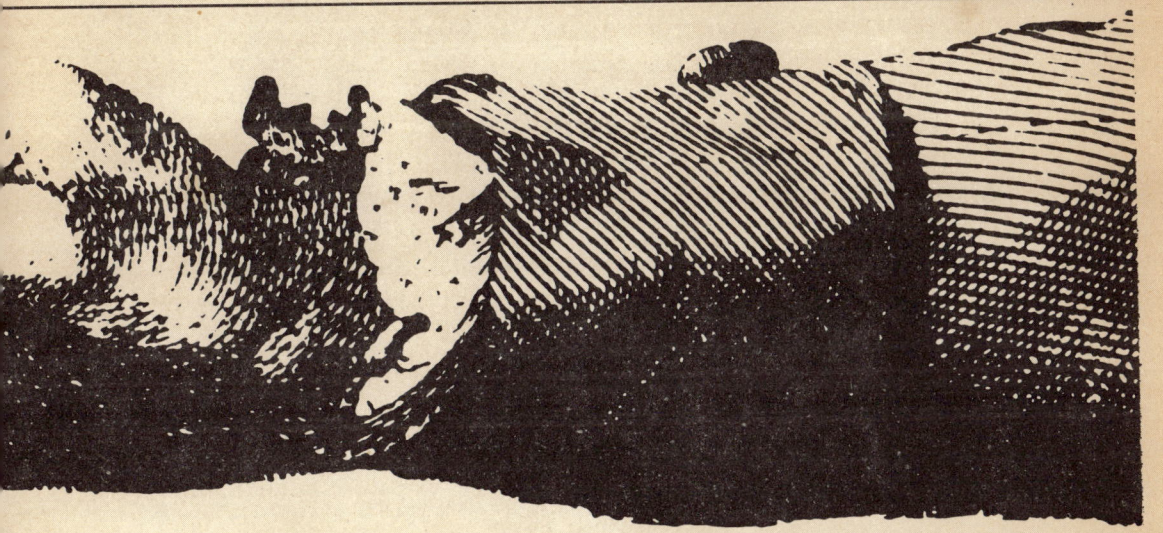

Anhang

Sauerländer Feste und Volksbräuche

Der Sauerländer ist kein Kind von Traurigkeit, auch wenn es mitunter so scheinen mag. Er feiert die Feste, wie sie fallen – Gelegenheit dazu wird genug gegeben. Tradtionsbewußtes Denken und Erleben findet man in erster Linie in den vielen Schützenvereinen im ganzen Land. Es ist eigentlich eine westfälische Eigenart, gerade die Schützenvereine als Aushängeschild westfälischen Frohsinns darzustellen. Aber nicht nur während der an Pfingsten beginnenden Schützenfeste wird im Sauerland gefeiert. Viele Festivitäten und Veranstaltungen entspringen altüberlieferten Erzählungen und Riten, viele der Volksbräuche entstammen dem religiösen Bereich. Der Platz in diesem Buch würde nicht reichen, Ihnen alle Feste im Sauerland aufzuzählen. Einige jedoch sollten unbedingt erwähnt werden, da man sie auch als Nichtsauerländer kennen sollte.

Schnadegang

Alle zwei Jahre Ende Juni startet man zwischen Brilon und dem Biggesee zur »Schnade«. Sie ist das seit mehr als einem halben Jahrtausend geübte Abschreiten der Gemarksgrenzen, eben die Schnade. Für die Teilnehmer (Frauen sind ausgeschlossen) ist der Schnadegang eine ungemein ernste Angelegenheit, die allerdings kräftig begossen wird. Unverzichtbarer Bestandteil der Briloner Schnade ist das »Stutzäsen« der jüngeren Männer. Sie sollten nämlich hautnah zu fühlen bekommen, wo Brilon anfängt und wo es aufhört. Dazu werden sie von kräftigen Fäusten ergriffen und hinterrücks mit der Kehrseite auf die Schnadsteine gesetzt. Sinn der Schnade war einst, daß die Jungmannen im Falle eines feindlichen Angriffs den kürzesten Weg zu ihrem Posten an der Landwehr kennenlernten.

Trillertanz in Attendoorn

Alle 5 Jahre feiert man in Attendoorn den Trillertanz. Der Name rührt wahrscheinlich vom monotonen viertaktigen Grundmotiv her, von zwei Tambours angegeben; der durch zwei Lanzenträger angeführte Zug steht wohl in der Tradition aus dem mittelalterlichen Zunftwesen entwickelter Tänze.

Hallenberger Osternacht

In Hallenberg feiert man in der Osternacht einen ungewöhnlichen Brauch. Die Hallenberger Bevölkerung versammelt sich vor der Kirche und singt gemeinsam ein nur hier bekanntes und für

115

Fremde nicht verständliches Fastenlied. Danach beginnt ein Höllenspektakel, hervorgerufen durch Böller- und Lärmmaschinen. Auf den Höhen um Hallenberg werden große Kreuze angesteckt. So vertreibt man hier seit Generationen die Wintergeister.

»Gänsereiten« in Helden

Dieses Gänsereiten findet seinen Ursprung in einem Opfer-Zeremoniell. Das Opfervieh wird samt Gänseliesel durch den Ort gefahren, bevor ersteres geschlachtet, aufgehängt und den Berittenen zum »Kopf-Abbeißen« freigegeben wird. Daß hier natürlich alles mit rechten Dingen zugeht, ist selbstverständlich.

Neujahr

Das Neue Jahr wird mit Böllerschüssen begrüßt. Die Jäger schießen mit ihren Flinten in die Luft. Am Neujahrsmorgen kommen Bekannte zu Besuch. Man reicht ihnen die Eiserkuchen (Neujahrskuchen).

Hl. Drei Könige

Überall im Sauerland finden die Heischegänge statt. Die »Drei Könige« ziehen dabei von Haus zu Haus, sammeln Geld und Eier. Die Eier werden anschließend in großer Runde in einer weiten Pfanne gebraten und gegessen.

Lütke Fasnacht

Bewaffnet mit einem 50–60 cm langen Holzspieß zieht man durch die Straßen und spießt Fleisch und andere Sachen auf, die man von den Bewohnern bekommt.

Karwoche

Im vorwiegend katholischen Sauerland ziehen die Meßdiener mit »Kleppers« (Ratschen) durch die Dörfer. In den Städten ist dieser Brauch überholt.

Karsamstag

In ländlichen Gegenden werden Zinnfässer auf dem Kirchplatz aufgestellt. Sie sind mit dem neuen Weihwasser gefüllt, das in der Osternacht geweiht wird. Die Bürger nehmen sich dieses Weihwasser in Flaschen mit nach Hause. Die Jugend baut die Osterfeuer auf (Hallenberger Osternacht).

Pfingsten

Im Sauerland erreichen die Schützenfeste ihren Höhepunkt. Drei Tage feiert man das Königsschießen.

September

Im Sauerland ist »Bräterzeit«. Nachdem die Kartoffeln geerntet wurden, wird auf den Feldern eine Nachlese gemacht. Diese Kartoffeln werden in Säcke gefüllt und an Ort und Stelle verkauft. Nachdem die Felder abgeerntet sind, gehen die Bürger auf die Felder und sammeln die Kartofeln auf, die noch im Kartoffellaub liegen geblieben sind. Die Kartoffeln werden in einem Buchenholzfeuer in der Asche gebraten. Oft versammelt sich ein ganzer Ort zu diesen Brätermahlzeiten, zu denen eingelegte Heringe und Kaffee gereicht werden.

Herbst

Es beginnt die Zeit der Gesellschaftsjagden (Treibjagden). Im Rothaargebirge und in den Naturschutzparks lohnt es sich, unter fachkundiger Führung eine nächtliche (meist vor Mitternacht) Hirschbrunft zu erleben. Man sollte sich einmal bei dem zuständigen Förster erkundigen. Sicher nimmt er Sie gerne zu diesem einmaligen Schauspiel mit. Gejagt wird im Sauerland auf Rot-, Muffel-, Sika- und Schwarzwild sowie auf Rehwild, Hase, vereinzelt Fasan und anderes Niederwild.

Nikolaus

Er kommt in Olsberg per Schiff über den See.

Adventzeit

Wie überall steht der Adventskranz im Mittelpunkt. Am 4. Dezember werden Barbarazweige ins Haus geholt – an Weihnachten blühen die Kirschblüten in den Wohnungen. Nach altem Brauch zieht der Vater mit den Kindern in den Wald, um den Weihnachtsbaum auszusuchen.

Vom Energiesparen im Sauerland damals

Die Hausfrau im Sauerland war früher in jeder Beziehung auf Sparsamkeit bedacht. Mich interessierte vor allem, wie man Energie sparte. Um dies zu erfahren, besuchte ich die Vereinigten Elektrizitätswerke (VEW) – die auch heute gerne wertvolle Tips zum Energiesparen geben.

Damals begann das Energiesparen bereits in der Küche. Zunächst war das Herdfeuer, später dann der Kohleherd Mittelpunkt jeder Küche.

Die Hausfrau fachte morgens in aller Frühe das Herdfeuer an, das den ganzen Tag (auch im Sommer) brannte. Am Abend vorher legte man Holzspäne oder kleines Brennholz (Fichte, Tanne – nicht Buche oder Esche) in den warmen Backkasten. Dort konnte es austrocknen und wurde morgens zusammen mit Papier oder Stroh zum Anzünden des Feuers benutzt. Oft war der Herd im ganzen Haus die einzige Wärmequelle. So ist es auch zu erklären, daß viele Familien sich vorwiegend in der Küche aufhielten. Die »gute Stube« wurde oft nur an Festtagen aufgeheizt. Für das Feuer im Ofen war meist Oma oder Opa zuständig. Eine Errungenschaft war es schon, wenn man mit Kohle und später mit Brikett heizte, um die Glut lange zu halten. An der Herdstange eines Ofens hing das Pokeleisen. Begann man mit dem Kochen, stellte man die Töpfe auf die Ringe der Herdplatte; mit Hilfe des Pokeleisens lockerte man die Glut.

Am Herdrand konnte man die Speisen oft lange warm halten. Das war damals – zu Großmutters Zeiten. Nur sehr langsam nahmen der Gasherd und der Elektroherd Einzug in die Haushalte. Viele Vorurteile mußten überwunden werden, da man den Brennstoff (Holz) ja direkt vor der Haustür hatte. Moderne Herde wurden meist nur zum Kuchenbacken verwendet. In den Sommermonaten wurde ebenfalls auf dem modernen Herd gekocht, da man das alte Herdfeuer wegen der großen Hitze nicht anfachte. Mit den neuen Errungenschaften ging man sehr sparsam um. In alten Anleitungen kann man noch lesen: »Gas erst anzünden und Strom erst einschalten, wenn das Kochgut vollständig vorbereitet ist und sofort auf die Flamme gestellt werden kann.«

Wenn man heute die alten Rezepte nachkocht, dann bestimmt nicht auf einem alten Kohleherd. Etwas aber verbindet uns auch heute noch mit der guten alten Zeit. Es ist die Sparsamkeit und der Wille, Energie zu sparen. Wie man das im einzelnen anstellt, erfährt man bei den Beratungsstellen der VEW im Sauerland.

Inhaltsverzeichnis

Wild und Geflügel

Fischgerichte

Eintöpfe

Bildernachweis:

Die in diesem Buch abgebildeten Kohlezeichnungen stammen von Werner Knülle, Warstein.

Die Kapitelaufnahmen wurden uns freundlicherweise von dem Verlag Grobbel, Fredeburg, zur Verfügung gestellt.

Die handschriftlichen Bemerkungen lieferten Gisela, Thomas und Michael. Dank dafür.

Wenn Sie sich für weitere Bücher aus unserem Verlag interessieren, schreiben Sie uns oder fragen Sie Ihren Buchhändler. Nachdem Sie dieses Buch kennengelernt haben, werden Ihnen sicher auch unsere anderen Titel zusagen, wobei Sie diejenigen, die wie das vorliegende Buch auch zur Landschaftsserie gehören, alle zu dem gleichen Preis erwerben können.

Eine kleine Überraschung haben wir noch für Sie. Sie können bei uns eine Schürze aus dem Umschlagstoff dieses Buches, aber auch aller anderer Landschafts-Titel unseres Verlages bestellen, besonders zum Verschenken und Selberschenken, zum Preis von DM 18,–. Sie wird Ihnen bestimmt gefallen!

In unserem Verlag sind erschienen:

Das Kochbuch aus Hamburg
Das Kochbuch vom Oberrhein
Das Kochbuch aus Berlin
Das Kochbuch aus München und Oberbayern
Das Kochbuch aus Niederbayern und der Oberpfalz
Das Kochbuch aus Franken
Das Kochbuch aus Bremen
Das Kochbuch aus dem Münsterland
Das Kochbuch aus Westfalen
Das Kochbuch aus Hessen
Das Kochbuch aus Thüringen, Sachsen und Schlesien
Das Kochbuch aus Mecklenburg, Pommern und Ostpreußen
Das Kochbuch aus Schleswig-Holstein
Das Kochbuch aus dem Rheinland
Das Kochbuch aus Schwaben
Das Kochbuch aus dem Ruhrgebiet
Das Kochbuch aus Ostfriesland
Das Kochbuch aus Niedersachsen
Das Kochbuch aus dem Saarland
Das Kochbuch aus dem Schwarzwald
Das Kochbuch von der Mosel
Das Kochbuch vom Dreiländereck

Das Kochbuch aus Tirol
Das Kochbuch aus Kärnten

Das Kochbuch aus der Innerschweiz
Das Kochbuch aus der Ostschweiz
Das Kochbuch aus Basel
Das Kochbuch aus Graubünden
Das Kochbuch aus dem Bernbiet
Das Kochbuch aus dem Tessin (ital./deutsch)

Das Kochbuch aus dem Elsaß (franz./deutsch)
Das Kochbuch aus Schottland (engl./deutsch)
Das Kochbuch aus Lyon (franz./deutsch)

Das praktische Jagdkochbuch
Das Buch vom schönen Backen
Das Kochbuch aus Kombüse und Pantry

In Vorbereitung:
Das Kochbuch aus der Westschweiz
Das Kochbuch aus der Tschechoslowakei (tschechisch/deutsch)
Das Kochbuch aus Salzburg
Das Kochbuch aus Wales (engl./deutsch)